Orson Welles

dargestellt von Eckhard Weise

Rowohlt

rowohlts monographien begründet von Kurt Kusenberg
herausgegeben von Wolfgang Müller und Uwe Naumann

Redaktionsassistenz: Katrin Finkemeier
Umschlaggestaltung: Walter Hellmann
Vorderseite: Orson Welles in dem Film «Der dritte Mann», 1949
Rückseite: Szene aus «Citizen Kane»
(beide Vorlagen: Sammlung Eckhard Weise)
Frontispiz: Orson Welles

Originalausgabe
Veröffentlicht im Rowohlt Taschenbuch Verlag GmbH,
Reinbek bei Hamburg, September 1996
Copyright © 1996 by Rowohlt Taschenbuch Verlag GmbH,
Reinbek bei Hamburg
Alle Rechte an dieser Ausgabe vorbehalten
Satz Times PostScript Linotype Library, Quark XPress 3.31
Gesamtherstellung Clausen & Bosse, Leck
Printed in Germany
1290-ISBN 3 499 50541 X

Inhalt

Prospero auf seiner Zauberinsel 7

Wunderkind und Bürgerschreck 12
«George Orson Welles – wer so heißt, dem wird die Welt zu Füßen
liegen» 12 Leinwand oder Bühne? 15 Bluttransfusionen für den Broadway 20 Krieg der Welten – Krieg der Medien 24

Citizen Welles 30
Im Herzen von Licht und Finsternis 30 Wer ist Amerikaner, wer Anti-
Amerikaner? 36 «Rosebud – tot oder lebendig!» 38 Zeitloser Glanz
einer magischen Kugel 45

Genie in Nöten 50
In der Falle des Hauses Amberson 50 Im Nord-Süd-Konflikt 55
Reisen ins Ungewisse 59

Kino in Schwarzweiß und Schwarz 62
Böse Nazis 62 Böse Frauen 67 Böse Schwarzmarkthändler 72
Böse Polizisten 76

Orson Shakespeare 82
Macbeth auf der Bühne 83 Othello im Kino 85 Was er will, wie es ihm
gefällt 91 Fünf Königreiche für einen Falstaff! 94

Von Träumen – den falschen und den wahren 100
Die Abenteuer des Harry L. und des Josef K. 100 Tausendundein
Film 111 Leinwand oder Bildschirm? 120 «Sie lebte am Wege nach
Helsingör» 126

Anmerkungen 130
Zeittafel 137
Zeugnisse 141
Filmographie 144
Bibliographie 152
Namenregister 157
Über den Autor 159
Quellennachweis der Abbildungen 160

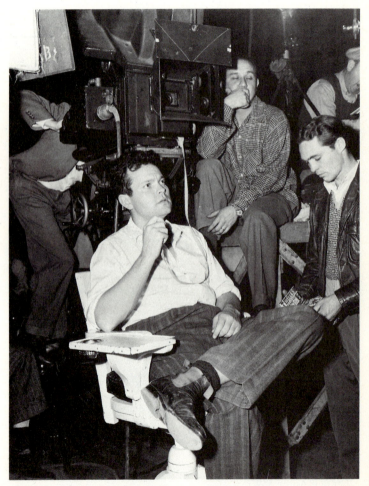

Orson Welles im Studio bei den Dreharbeiten zu «The Lady from Shanghai», 1947

Prospero auf seiner Zauberinsel

Als ein Kinoregisseur, der seine Integrität und Reinheit zu wahren suchte, sei Orson Welles ihm stets eine Art künstlerisches Gewissen gewesen, schreibt Peter Bogdanovich über seinen Freund und Kollegen. Daß Welles, immerhin derjenige Künstler, der die Bühne elektrifizierte, den Rundfunk neu erschuf, den Weg zum Fernsehen aufzeigte und mit seinen Filmen mehr Filmemacher inspirierte als jeder andere Regisseur seit David W. Griffith – daß ausgerechnet er es eines Tages nötig haben würde, auf dem Bildschirm für Weine werben zu müssen, dies sei, so Bogdanovich in seinem Versuch, Größe und Tragik seines Vorbildes pointiert zusammenzufassen, «bezeichnend eher für den kulturellen Niedergang unserer Gesellschaft denn für Orsons eigene unglückliche Lage»[1].

Die folgende Darstellung will Stationen der Karriere einer der bedeutendsten wie schillerndsten Persönlichkeiten unseres Jahrhunderts beschreiben, den Höhen und Tiefen im Leben des vielseitig begabten Wunderkindes und möglichen Zusammenhängen der Extreme nachgehen.

Aus Sicht der Traumfabrik Hollywood, die das Enfant terrible von Bühne und Hörfunk anlockte, gebrauchte und wieder verstieß, war einzig und allein Welles selbst verantwortlich zu machen für all das, was ihm dort widerfuhr. Wenn es jedoch, wie Bogdanovich meint, das System der Filmindustrie ist, das den wahren Künstler demütigt oder gar zerstört – wie nur konnte Orson Welles dann glauben, innerhalb eines solchen Systems seine Talente entfalten zu können?

Blicken wir heute auf die nordamerikanische Kulturlandschaft, erscheint es uns wohl, als wären Literatur, Theater, Film und Fernsehen nahezu vollständig Opfer geworden einer Medienrevolution, die den Dollarspekulanten, den Infotainment- und Entertainmentmachern und den von ihnen produzierten Heerscharen funktionaler Analphabeten das Terrain in einer Weise bereitet, die kaum mehr Räume läßt für experimentelle, innovative oder auch schwierige Autoren von der Art eines Orson Welles, der als Kinoregisseur einst den Anspruch erheben durfte, *die Filmkamera zu benutzen als ein Mittel der Poesie*[2].

In seinen letzten zwanzig Lebensjahren war Welles unermüdlich bestrebt, in der Metropole amerikanischer Kulturindustrie noch einen letzten Film drehen zu können, und die Vergeblichkeit dieses Versuchs hat gewiß etwas Tragisches. Doch im Verlauf seiner Bemühungen muß Welles neben tiefer Verzweiflung immer wieder große Hoffnungen verspürt haben, seine Ideen verwirklichen zu können. Erklären läßt sich dieser Optimismus aus Welles' Selbstverständnis als Künstler. Er sah sich in der Tradition der Erzähler, die auf dem Marktplatz ihre Geschichten erfinden vor Leuten, deren Aufmerksamkeit es zu wecken und zu erhalten gilt – also unter den Bedingungen eben dieses bunten Markttreibens. So gesehen erscheint Welles dagegen gefeit, sich der Illusion hinzugeben, seine Vortragskunst womöglich im Widerspruch zu den Regeln des Marktes realisieren zu können; er weiß dessen Gesetze auf ingeniöse Weise zu nutzen, wird er auch noch so sehr von ihnen benutzt. Und gelegentlich hat er solche Marktgesetze mitgeprägt, insbesondere in seiner künstlerisch produktivsten Zeit, nämlich vor seinem Ruf nach Hollywood. Mit Ausnahme einer kurzen Phase staatlich subventionierten Theaterspielens hat Welles stets innerhalb eines vorwiegend an kommerziellen Interessen orientierten Kulturbetriebs gewirkt.

Mit Blick auf sein filmisches Gesamtwerk beklagen wir zu Recht, daß es nur so schmal sein durfte; doch vielleicht sollten wir Welles eher dafür bewundern, daß er unter den gegebenen Verhältnissen überhaupt Werke zur Gänze – oder zumindest in Teilen – nach eigenen Vorstellungen verwirklicht hat. Welles wollte sich nie mit seinem frühen Geniestreich *Citizen Kane* zufriedengeben, und tatsächlich vermochte er, diesem Fixstern am Kinohimmel im Laufe von dreißig Jahren noch einige Glanzlichter hinzuzufügen. Gern wäre er als Autor so populär geworden wie der Dichterfürst Shakespeare; auf der anderen Seite hat sich das exzentrische Multitalent durchaus bescheiden können: nur ein einziges Werk von Bedeutung geschaffen zu haben – so Welles im Rückblick – sei doch ein immenser Erfolg.[3] Sein Platz im Pantheon der Filmkunst ist ihm seit seinem 25. Lebensjahr sicher. 1995 wird *Citizen Kane* zum besten Film aller Zeiten gekürt.

Am Ende seiner Laufbahn wirbt Welles also für kalifornische Weine, um Geld für seine Arbeit als Regisseur zu verdienen. Was für Bogdanovich den Tiefpunkt einer unvergleichlichen Lebensgeschichte markiert, versteht Welles, der sich flexibel wie selbstverständlich in traditionellen wie modernen Medien zu bewegen wußte, trotz und vor allem als eine Herausforderung zur Erkundung neuer Erzählformen: *Filmtechnik und -dramaturgie entwickeln sich nirgends so rasant wie im Werbefernsehen.*[4]

Orson Welles als Magier in der «Mercury Wonder Show», 1943

Citizen Kane sei vermutlich der Anlaß gewesen «zu einem großen Teil aller Cineastenberufungen», schrieb François Truffaut einmal[5]. Genauere Informationen über die weiteren Arbeitsbedingungen des Schöpfers vom «Film der Filme»[6] allerdings – so läßt sich weiter mutmaßen – werden manchen Kinoenthusiasten bald davon abgebracht haben, solcher Berufung ernsthaft folgen zu wollen. Auch der junge New Yorker Filmemacher Hal Hartley meinte einst, sein Filmstudium aufgeben zu müssen, als er nicht länger zu hoffen wagte, ein Film ließe sich einigermaßen frei von äußeren – insbesondere von ökonomischen – Rücksichten herstellen – bis für ihn der Tag kam, an dem er eben das begriff, was Orson Welles unaufhörlich erfahren haben muß, nämlich daß der Kampf um «einen Film, der sich seine Integrität bewahrt, selbst zum Charakter des Films gehört, so wie auch unser persönlicher Charakter durch die Kämpfe, die wir durchstehen, geformt wird»[7].

Keine Kunstform werde überdauern, *unsere Werke – in Stein, in Farbe, gedruckt –, alles muß schließlich vergehen, alles geht ein in die Asche des Universums –* so verkündet es ein anscheinend verzweifelter Zauberkünstler Welles am Ende eines seiner letzten Filme, um doch nicht jede Hoffnung aufzugeben, wenn er den Zuschauer in seinen tröstlichen Bann zu ziehen sucht: *Unsere Lieder werden alle verstummen, aber was heißt das schon? Fahrt fort zu singen!*[8]

In dem Jahr, da das Kino seinen 100. Geburtstag feierte, wäre Orson Welles achtzig Jahre alt geworden. Ein halbes Jahrhundert der Filmgeschichte hat er nachhaltig mitgeprägt, seiner Zeit manchmal um diese fünfzig Jahre vorauseilend. An diesen bedeutsamen kulturhistorischen Beitrag zu erinnern, wäre wohl Anlaß genug für eine Würdigung seiner Person – an Welles' Leistung zu erinnern und an bessere Zeiten von Broadway und Hollywood, in denen Ausnahmeerscheinungen wie er frenetisch gefeiert wurden. Gewiß ist eine solche Erinnerungsarbeit bereits nötig – heute, im digitalen Unterhaltungsgetriebe, wo dem phantasievollen Erfinder vergangener Begebenheiten droht, wie der weise Zauberer aus Shakespeares «Sturm» auf eine Insel der Vergessenheit verbannt zu werden: Wie viele Lichtspielhäuser beteiligen sich an der Wiederaufführung des *Othello*? Welcher Sender zeigt noch einen Welles-Klassiker – wenn überhaupt – vor Mitternacht? Nach den Stummfilmen werden es vermutlich die Schwarzweißfilme sein, die in den modernen Medien-Arenen langsam, aber sicher ihren Tod erleben.[9]

Kunstformen, die im Bewußtsein der Öffentlichkeit eine Rolle von stetig abnehmender Bedeutung spielen, wie könnte ihr Verfall aufgehalten werden durch wehmütigen Rückblick?

Die von Welles geschaffenen Kunstformen werden sich in absehbarer Zukunft wohl als obsolet erweisen – *aber was heißt das schon?* Die

Orson Welles mit Prince Charles und Richard Attenborough
beim fünfzigjährigen Jubiläum des British Film Institute, 1983

Haltung des Künstlers, der solche Kunst hervorzubringen imstande war, wird lebendig bleiben, solange sich von einem für ihn typischen Optimismus noch unter widrigsten Umständen etwas zu übertragen vermag auf alle diejenigen, die – wie die Filmregisseure Bogdanovich und Hartley – inmitten des kulturellen Gewerbes darauf bestehen, tätig zu bleiben, ohne ihr künstlerisches Gewissen zu verraten. Ein Anliegen dieser Monographie ist es, einen der vitalsten Künstler unserer Zeit zu porträtieren, der heute wie morgen Mut machen kann, weil er einen Satz lebte: *Fahrt fort zu singen!*

Eine eher technische Vorbemerkung sei schließlich erlaubt. Die vielfältigen Aktivitäten des Multitalents Welles, seine zahlreichen, sich oft über Jahre hinziehenden und zeitlich überlappenden Arbeitsprojekte ließen es sinnvoll erscheinen, im vorliegenden Band nicht immer streng chronologisch zu verfahren. Die Darstellung setzt daher inhaltliche Schwerpunkte und bündelt thematisch Zusammengehöriges, zum Teil abweichend von der linearen Zeitfolge. Der Leser kann in allen Zweifelsfragen auf die ausführliche Zeittafel und die Filmographie im Anhang des Bandes zurückgreifen, um die bisweilen komplizierten Fäden der Lebensgeschichte des Orson Welles zu entwirren.

Wunderkind und Bürgerschreck

«George Orson Welles – wer so heißt,
dem wird die Welt zu Füßen liegen»[10]

Orson Welles wird am 6. Mai 1915 in Kenosha / Wisconsin unweit der Industriemetropole Chicago geboren. Die Mutter ist eine bekannte Pianistin, der Vater Erfinder und Fabrikant. Eine geradezu ideale Kombination elterlicher Professionen – so wird jeder annehmen, der sich für die Entwicklungsgeschichte einer Persönlichkeit interessiert, die Berühmtheit erlangt durch die Fähigkeit, Meisterwerke des Kinos nicht nur erfinden und inszenieren, sondern sie zugleich produzieren zu können. Künstlerische Inspiration und organisatorisches Geschick waren – betrachtet man den Schöpfer von *Citizen Kane* – allem Anschein nach ähnlich eng aufeinander bezogen wie beim Multitalent Shakespeare, Welles' lebenslangem Vorbild. In Welles' eigenen Mitteilungen über das väterliche Erbe ist jedoch keineswegs die Rede von typischen unternehmerischen Tugenden wie Sparsamkeit, Ausdauer oder Vermögen zu klarem Kalkül. Von der Mutter habe er *eine wahre und immerwährende Liebe zur Musik und Sprachkunst geerbt* und vom Vater die Reiselust. Dieser *gütigen, sensiblen Seele* verdanke er *das Vorrecht, bis zum Alter von zehn keine formale Erziehung ertragen zu müssen.*[11]

Orson Welles wächst auf in der Umgebung liberal gesinnter, weltoffener Menschen, die ehrgeizig bestrebt sind, das früh erkannte künstlerische Talent dieses Kindes zu fördern. Vater Richard, Mutter Beatrice und ein enger Freund der Familie, der Arzt Maurice Bernstein, sparen nicht mit musischen und geistigen Anregungen, und ihre Mühe wird belohnt, heißt es doch bald, man habe es mit einem Wunderkind zu tun. Bereits im Vorschulalter lernt Orson Lesen und Musizieren, darüber hinaus Rezitieren – einige Dramen spricht er gar auswendig. Im Alter von neun Jahren hat er viele Länder Europas und Asiens kennengelernt, ist prominenten Zeitgenossen begegnet wie Maurice Ravel, Igor Strawinsky, Pablo Casals, dem Magier Houdini, Eva Perón und auch

Orson im Alter von sieben Jahren, mit Maurice Bernstein, der Mutter Beatrice Welles, Nachbarn, der Gouvernante Sigrid Jacobsen und dem Vater Richard Welles (von rechts nach links), 1922

Adolf Hitler – eine Schule indes mußte er noch nicht betreten. So gibt es dank väterlicher Fürsorge keine Lehrer, die die häusliche Schwerpunktsetzung in der Erziehung verändern könnten, und als sie endlich Gelegenheit dazu erhalten, wollen sie dies gar nicht mehr tun. Sogar einfache Regeln der Mathematik werden Welles daher große Schwierigkeiten bereiten – bis ans Ende seiner Tage. Der Besuch einer Eliteschule für Jungen, der Todd School in Woodstock, gerät zur intensiven Ausbildung in zwei Fächern: Theaterregie und Schauspielkunst. Es sind nicht weniger als dreißig Stücke, die Welles im Verlauf seiner vierjährigen Schulzeit dort inszeniert, Shakespeare-Dramen vorzugsweise, und in den meisten übernimmt er selbst die Hauptrolle.

Als Orson Welles beginnt, unter Menschen seines Alters zu leben, ist er als Wunderknabe ein Außenseiter und kaum mehr Kind. «Orson hatte keine Freunde. [...] Er war wohl niemals ein Junge», urteilt ein Mitschüler.[12] Im Hause Welles bleibt die Absonderung der Kinder (Orson und der zehn Jahre ältere Bruder Richard) von der Sphäre der Erwachsenen verpönt, alle Anzeichen von Frühreife werden stets belohnt – wie etwa das Spiel des siebenjährigen Orson mit der Marionettenbühne: gegeben wird eine Shakespeare-Tragödie. Im nachhinein will es so erscheinen, als hätten die Eltern den Sohn vorbereiten wollen auf eine vorzeitige Eigenständigkeit. Orson erlernt das Leben einer Person, die sich selbst genügt – inmitten einer Gruppe fiktiver Gestalten: Oliver Twist und Jim Hawkins werden für immer dazugehören wie Scrooge, Cyrano, Ahab und Lear. So gesehen muß es nicht überraschen, daß der Zehnjährige mit einer Bühnenfassung von Robert Louis Stevensons «Dr. Jekyll and Mr. Hyde» seinen ersten größeren Achtungserfolg verbuchen kann: von der Adaption des Textes bis zur Interpretation sämtlicher Rollen, Orson schafft alles allein – eine Eigenart, auf die stets zuerst verwiesen wird, wenn es später gilt, den Genius dieses Menschen zu erklären. Noch als sechzigjähriger Entertainer, von dem jedermann glauben muß, er brauche das öffentliche Spektakel wie die Luft zum Atmen, behauptet Welles von sich, nichts mehr zu lieben als ein Theater ohne Publikum.[13]

Das Wunderkind. Aus dem «Madison Journal», 26. Februar 1926

Die Phantasiewelten, in die er sich zurückzieht, sind für den Jungen vermutlich auch ein Fluchtpunkt, um Ruhe und Harmonie zu finden. Doch die Realität holt ihn ein. Er ist sechs Jahre alt, als die Ehe der schon längst zerstrittenen Eltern endgültig zerbricht. Zwei Jahre später stirbt Beatrice Welles. Orson hatte nach der Scheidung bei der kränkelnden Mutter gelebt, ihr baldiges Ende erahnend: *Sobald sie die Tür hinter mir schloß, fing ich an zu weinen, aus Angst, sie könnte niemals wiederkommen.*[14] Nach ihrem Tod verweigert er sich für immer dem Musizieren. Es ist der Vater, der den an Musik und Malerei interessierten Jungen für die Bühne begeistern kann; er selbst ist geradezu vernarrt in die Welt des Theaters, er liebt den Zirkus und die Magie. Wagemutig bricht er auf mit dem Sohn zu neuen Abenteuern in allen Himmelsrichtungen; viel Zeit bleibt ihm nicht. Als Richard Welles im Jahr nach dem Börsenkrach stirbt, hinterläßt er nur ein bescheidenes Vermögen. Daß der Vater sein Kapital in gemeinsame

Reisen investiert hatte – ein Sohn wird es ihm danken, der sein Zuhause allein in den Künsten finden soll. Und doch wird sich dieser rastlose Weltbürger nie befreien können von der Sehnsucht nach der eigentümlichen Geborgenheit des Elternhauses, nach einer Lebenshaltung, die mit aristokratischer Sorglosigkeit längst vergangener Jahre offenbar mehr gemein hatte als mit zeitgemäßer Strebsamkeit und Beständigkeit.

Zeitlebens wird Orson Welles behaupten, eine glückliche Kindheit genossen zu haben. Ob es für ihn ein solches Glück außerhalb seiner Phantasie wohl jemals geben konnte? Daran zu zweifeln erscheint nur allzu berechtigt, betrachtet man Welles' frühe Lebensjahre vorrangig als eine Abfolge schwerster traumatischer Verletzungen und Trennungen[15]: danach erlebt das Kind die Eltern stets im Streit, bis es einem heftig in die Mutter verliebten Rivalen, Dr. Bernstein nämlich, gelingt, den gebrochenen, zuletzt schwer alkoholsüchtigen Vater aus der kleinen familiären Gemeinschaft zu verdrängen. Anerkennung hatte das Kleinkind in dieser Gemeinschaft immer nur erfahren dürfen für die besondere Anpassungsgabe, Erwachsene wie Erwachsene unterhalten zu können. Doch dieses Kind ist keineswegs erwachsen, als es die Familie nicht mehr gibt: von den Eltern ist es für immer verlassen worden, Bruder Richard lebt in einer Heilanstalt, der Nebenbuhler und gehaßte Feind des Vaters wird zum Vormund bestimmt. Welles wird nie aufhören zu glauben, die Eltern stets enttäuscht zu haben, gar verantwortlich zu sein für den Drogentod des Vaters, der im Sterben vergeblich nach dem Sohn rief.

Die leidvolle Erinnerung an eine Kindheit, die keine sein durfte, wie auch der mit erfindungsreichem Eifer verfolgte Versuch, eben diese bittere Wahrheit vor der Außenwelt und womöglich vor sich selbst zu verbergen, werden gleichermaßen zu Quellen, aus denen der Künstler seine Kraft schöpfen muß – für eine Kunst, die unermüdlich e in Thema variiert: die Vertreibung aus dem Paradies.

Leinwand oder Bühne?

1931 erhält Orson Welles seinen Schulabschluß. Obwohl ihm noch zwei weitere Jahre bis zum Erwerb der Hochschulreife fehlen, wird ihm angeboten, in Harvard Theaterwissenschaft zu studieren; Welles jedoch sucht den direkten Weg zur Kunst. Der Malerei fühlt er sich mehr zugetan als dem Rollenspiel, und daher beginnt er eine Ausbildung am Chicago Art Institute. Sehr bald jedoch soll sich die Stärke jenes väterlichen Erbteils erweisen, dem er selbst die größte Bedeutung beimißt: das Reisefieber packt ihn so heftig, daß es ihn nicht nur in ein anderes

Als Landschaftsmaler quer durch Irland, 1931

Land zieht, sondern von einem Ort rasch zum nächsten. Auf einem Eselskarren, ausgerüstet mit Zeichenblock und Staffelei, durchquert er Irland mit dem Ziel vor Augen, Landschaftsmaler zu werden. Dieser Berufswunsch hat aber nur Bestand, solange er vom Glauben an das eigene Talent und vom ohnehin knappen Reisegeld zu zehren vermag.

Am Dubliner Gate Theatre bewirbt sich Welles um ein Engagement als Schauspieler. Vermutlich wird sich der Sechzehnjährige mit dem Kindergesicht über seine Chancen, ins Ensemble der ehrwürdigen Bühne aufgenommen zu werden, im klaren gewesen sein. Von seiner Vorliebe, in der Maske alter Männer aufzutreten, berichtet er gar nicht erst, er behauptet schlichtweg, alt genug und prominent zu sein, er sei *ein berühmter Star aus New York*[16], über dessen Angebot zur Mitarbeit sich jedes Theater freuen müsse. Hilton Edwards und Micheál MacLiammóir, die beiden Leiter des Gate, glauben ihm das wohl nicht recht, dennoch muß er in der Vorspiegelung falscher Tatsachen, insbe-

Der sechzehnjährige Schauspieler am Dubliner Gate Theatre

sondere durch den Einsatz seiner tiefen Stimme, überzeugend gewirkt haben – kann man von einem guten Schauspieler mehr verlangen? Der Hochstapler wird engagiert und sogleich mit der Rolle eines alten Mannes betraut, mit der des Herzogs in der Bühnenadaption von Feuchtwangers Roman «Jud Süß». Nur wenig später ergreift der Halbwüchsige die Gelegenheit, sein Talent als Regisseur unter Beweis zu stellen: Ibsens «Frau vom Meere» wird seine erste professionelle Inszenierung.

Der gute Ruf des Gastes aus den Vereinigten Staaten dringt bald nach London – er erhält von dort ein Bühnenangebot, doch keine Arbeitserlaubnis seitens der Behörden. Welles kehrt zurück in die Heimat als jemand, der es zum Charakterdarsteller an einer Bühne von Weltruf gebracht hat; aber selbst nachweisbare Referenzen helfen ihm in Amerika wenig. Dort herrscht eine anhaltende Depression. Fünfzehn Millionen Arbeitslose zählt das Land und nur wenige Bühnen, die es sich noch leisten können, ihren Vorhang zu öffnen. Bevor Welles anknüpfen kann an die Theaterarbeit in Irland, sollen viele Monate unsteten Lebens vergehen. Er reist erneut in die Alte Welt – über Marokko nach Spanien, verdient dort schnelles Geld als Autor von Trivialgeschichten und versucht sich sogar als Stierkämpfer: *Ich war gewillt, alles zu tun, um nie mehr eine Schule besuchen zu müssen.*[17] Zur Todd School kehrt er dennoch zurück, um mit ihrem Leiter Roger «Skipper» Hill drei Spielfassungen von Shakespeare-Stücken herauszugeben. Er sucht die Nähe zu Hill, *dem wichtigsten Einfluß auf mein Leben*[18]. Hill bietet dem einsamen Wunder-Waisen-Kind das, was ihm Vater und Vormund für immer versagen: familiäre Geborgenheit und beständige geistige Anregung und Ermutigung. So ist es auch dem außergewöhnlichen Geschick Hills als Mentor zu danken, daß sich Welles als Dramatiker versucht. In *Bright Lucifer* entwirft der neunzehnjährige Autor das kaum verhüllte Porträt seiner eigenen – dämonischen – Persönlichkeit. Im Hinblick auf die künstlerische Entwicklung wichtiger noch wird das im Sommer 1933 entstandene Schauspiel *Marching Song*, in dessen Mittelpunkt der militante Vorkämpfer der Sklavenbefreiung John Brown steht; in seiner perspektivreichen Annäherung an das öffentliche wie private Bildnis einer der legendären Gestalten amerikanischer Geschichte gerät das Stück zu einer Art Dramaturgiemodell für *Citizen Kane*.

Im Herbst 1933 erhält Welles das Engagement, das seinem Naturell ganz und gar zu entsprechen scheint: er wird Mitglied einer Wanderbühne. Durch Vermittlung Thornton Wilders findet er Aufnahme im Ensemble der renommierten Schauspielerin Katharine Cornell; als Mercutio in «Romeo und Julia» oder Marchbanks in «Candida» ist es ihm gestattet, die eine Passion mit der anderen zu verbinden, nämlich den Wechsel der Aufenthaltsorte mit dem der Masken.

Im Sommer 1934 kehrt Welles erneut zurück an seine alte Schule in Woodstock – diesmal als Organisator, Regisseur und Schauspieler eines Theaterfestivals. Sein Ziel ist der Broadway, und doch genießt er in Woodstock die Bewunderung von Menschen, die ihm viel bedeuten; Roger Hill und sogar seine Förderer aus Dublin, Edwards und Mac-Liammóir, sind um ihn, auch die Schauspielerin Virginia Nicolson. Sie und er heiraten 1934; drei Jahre später wird ihnen eine Tochter geboren. Sie erhält den Jungennamen Christopher, denn als das Kind erwartet wird, inszeniert der Vater Christopher Marlowes «Faustus» in New York. Welles fühlt sich stark angezogen von der Faust-Gestalt – vor allem von der Gabe (oder Schwäche?) dieses Renaissance-Menschen, das in jeglicher Maßlosigkeit angelegte eigene Scheitern vorausahnen zu müssen. Wenn er eines Tages zurückblickt auf die wichtigsten der von ihm gespielten Figuren in Film und Theater, wird er feststellen, sie seien alle *verschiedene Formen des Faust*[19].

Der ersehnte Sprung nach New York war ihm übrigens gelungen

Mit seiner ersten Frau Virginia und der 1937 geborenen Tochter Christopher

durch ein Gastspiel der Cornell-Truppe, und zwar als Tybalt in «Romeo und Julia». Eine Hauptrolle erhielt er in diesem Ensemble nie. Doch dieser Auftritt wird genügen, um dem neunzehnjährigen Bühnenenthusiasten zu einem vielversprechenden Ruf zu verhelfen – im Zentrum des amerikanischen Theaterlebens und darüber hinaus.

Bluttransfusionen für den Broadway

John Houseman, einer der engagiertesten Broadway-Produzenten, war auf den Darsteller des Tybalt aufmerksam geworden. Houseman verschafft ihm eine Rolle in Archibald MacLeishs «Panic», einem experimentellen Drama über die jüngste Wallstreet-Krise, das 1935 uraufgeführt wird. Aus dem Talentsucher und seiner Entdeckung sollen bald schon gleichberechtigte Partner werden, zunächst im Federal Theatre Project und später in ihrem eigenen Ensemble, dem 1937 gegründeten Mercury Theatre. Die Zusammenarbeit zweier Künstler mit sich ergänzenden Stärken – Housemans Organisationstalent und Welles' Ideenreichtum – wird der New Yorker Theaterszene ein hohes Maß an Beachtung verschaffen.

Der Zeitpunkt des Gastspiels in New York ist für Welles' Karriere denkbar günstig. Wäre sein Auftritt einige Monate früher erfolgt, er hätte mit der Wandertruppe weiterziehen müssen. Seit Beginn der Depression hatte auch am Broadway ein Theater nach dem anderen schließen müssen. Die Theaterleute gehören aber nun zu den ersten, die erneut ihren Beruf ausüben dürfen – dank der New-Deal-Politik Präsident Roosevelts. Die Subventionierung von Bühnen als Federal Theatre Project im Rahmen großangelegter Arbeitsbeschaffungsmaßnahmen ab 1933 ist eine der Antworten der Demokraten auf die Wirtschaftskrise innerhalb und außerhalb des eigenen Landes; eine andere, nicht minder wichtige, ist die politische Offensive gegen rechtsextreme Rezepte zur Krisenbewältigung – in Europa, aber auch daheim, namentlich durch Betonung von Grundwerten wie Demokratie, Solidarität, Verantwortung der Starken für die Schwachen. Für den Bereich des Theaters bedeutet dies neben der Existenzsicherung eine – zumindest vorläufige – Garantie künstlerischer Freiheit sowie die Ermunterung zur Politisierung des Programms. In die Spielpläne aufgenommen werden immer häufiger Stücke, die sich in kritischer, gelegentlich radikaler Form mit der Realität der amerikanischen Gesellschaft auseinandersetzen; aber auch Klassiker werden in einer Weise modernisiert, die sie zum Transport aktueller politischer Botschaften geeignet erscheinen lassen.

Roosevelts Ära des New Deal setzt manche der gewohnten sozialen Spielregeln außer Kraft: nur so ist zu verstehen, daß in einem begrenzten Zeitraum viele Bürger ihre politischen Ansichten radikalisieren können, ohne ihre berufliche Existenz zu gefährden. Selbst das staatsfreie Hollywood leistet sich Gesellschaftskritik, wenn auch nicht annähernd so provokant wie der Broadway, eher maßvoll, wie zum Beispiel die Filme Frank Capras zeigen, dafür um so wirkungsvoller in der Umsetzung ihrer Intention. Denn nicht zuletzt mit Hilfe des Massenmediums Kino kann dessen Hauptzielgruppe, die sogenannten kleinen Leute, gewonnen werden für eine Sozialpolitik der friedlichen und begrenzten Umverteilung von oben nach unten – zu einer Zeit, als etliche Produktionen der UfA unter der Führerschaft Joseph Goebbels' in Deutschland dazu beitragen, den Mittelstand für ein Programm der Umverteilung ganz anderer Art zu vereinnahmen.

Orson Welles beginnt seine Laufbahn am Broadway in einer Phase, die er als kleine Kulturrevolution erleben muß. Er, der im Geiste des Liberalismus erzogen worden war und für den Demokratie eine Selbstverständlichkeit bedeutet, wird erfaßt vom Enthusiasmus zahlreicher Kollegen, die hoffen, manche der zu Leerformeln erstarrten amerikanischen Ideale zu neuem Leben erwecken zu können – vorausgesetzt, man betreibe die Kunst nicht länger um der Kunst willen und überlasse die Politik nicht allein den Berufspolitikern.

Welles' politisches Interesse wächst in dem Maße, in dem er den Faschismus anwachsen sieht zu einer lebensbedrohlichen Gefahr – und dies nicht nur außerhalb des eigenen Landes. Dieses Interesse spiegelt sich in Welles' Broadwayinszenierungen der dreißiger Jahre noch recht deutlich wider, in den teilweise gleichzeitig produzierten Hörspielen hingegen so wenig wie in den späteren Filmen – denn Radiosender und Kinostudios gestatten dem Künstler allenfalls, ein politisches Anliegen in verschlüsselter Form zu vermitteln. Nicht erst die Massenmedien sind es aber, die einen engagierten Regisseur in die Schranken weisen: der Broadway erlaubt ihm, ermutigt ihn gar zunächst, politisches Theater zu gestalten, und engt ihn zuletzt doch in seinem Spielraum ein; diese allmähliche Rücknahme an gewährter Meinungsfreiheit auf der Bühne gipfelt im Aufführungsverbot für Welles' Inszenierung einer Arbeiteroper. Wie prägend solche Erfahrung für das weitere künstlerische Schaffen Welles' auch sein mag, ein glühender Verfechter politischer Kunst ist er zu keinem Zeitpunkt. Er fühlt sich Shakespeare stets näher als Brecht, und der politische Gehalt von Stücken des einen wie des anderen ist ihm nie wichtiger als die individuelle Kreativität, die ihm Ausdruck zu geben hat. Begeistert wird er Brechts Angebot annehmen, «Leben des Galilei» auf die Bühne zu bringen; schnell wirft er das Handtuch, als er zu spüren glaubt, daß Brecht ihm seine Gestaltungsfreiheit mindern möchte. Der Staatsbürger Welles allerdings wird durchaus nicht darauf verzichten, sich direkt politisch zu äußern, und zwar in der Form, die ihm jeweils zweckdienlich erscheint.

Für das Federal Theatre, das eigene Mercury-Ensemble, gelegentlich auch für Bühnen außerhalb New Yorks inszeniert Welles von 1936 bis zum Beginn seiner Tätigkeit in Hollywood insgesamt dreizehn Dramen. Einige dieser Inszenierungen werden Theatergeschichte schreiben, darunter zwei eigenwillig interpretierte Klassiker und die erwähnte Klassenkampf-Oper. Allen Arbeiten gemeinsam ist der anti-naturalistische Grundzug, die Neigung zu Verfremdungseffekten, welche die gewohnten Trennlinien zwischen Bühne und Zuschauerraum, zwischen Spiel und Realität zu überwinden trachtet; neben dem Einfluß des Bühnenraumreformers Gordon Craig gibt sich darin insbesondere das Vorbild von Welles' Lehrer Hilton Edwards und dessen Dubliner Schule des «Theatre Theatrical» zu erkennen.[20] Gerade diese Vorliebe für eine eher deutliche Stilisierung von Wirklichkeit und die damit verbundene Freude am beständigen Versuch, die Koordinaten des Raum-Zeit-Gefüges neu anzuordnen, werden – von wenigen Ausnahmen abgesehen – auch die Arbeit des späteren Hörfunk- und Filmregisseurs Welles prägen.

Bereits die erste Unternehmung des blutjungen Broadwayregisseurs wird zum Sensationserfolg: *Macbeth* im Harlemer Negro Theatre.[*] Welles verlegt den Ort des Geschehens nach Haiti, um einerseits an das Fortleben eines Macbeth im Diktator der Insel, Christophe, zu gemahnen, um andererseits den farbigen Mitgliedern des Ensembles zu ermöglichen, alle Rollen selbst zu übernehmen.[21] Weniger die dramaturgische Entscheidung an sich als die mit ihr verknüpfte Regelverletzung wird zum Skandal: in der Titelrolle brilliert Jack Carter, einst verstoßener Schwerverbrecher, nun ein gefeierter Star an Harlems Bühnen – Farbige wie er hatten allenfalls Onkel Tom zu spielen, aber keine Gestalt von solch eminenter Fallhöhe!

Welles beginnt die durch Subventionierung geschaffenen Freiräume im Theaterleben zu nutzen und gehört zu den ersten, die ihre Grenzen erfahren. Einem im Selbstbewußtsein gestärkten Ensemble, das beabsichtigt, nicht allein sozialreformerische Gedanken zu verkünden, sondern auch revolutionäre Ideen – und sei es in noch so spielerisch-utopischer Form –, wird unerwartet das Wohlwollen der Regierung entzogen. Welles erlebt diesen Eingriff in die Freiheit der Kunst am Abend der Premiere von Marc Blitzsteins Musikdrama *The Cradle will Rock*: die Behörden versuchen die Aufführung dieser als aufrührerisch empfundenen Arbeiteroper in letzter Minute zu verhindern und lassen durch die Polizei Zuschauern wie Akteuren den Zutritt zum Theater des «Projekt 891» genannten Welles-Ensembles versperren; den gewerkschaftlich organisierten Künstlern ist es zudem verboten, von einer anderen Bühne aus zu singen. Noch versteht es Welles, solche Willkür zu parieren – dank der ihm eigenen Fähigkeit, im richtigen Augenblick

---

[*] Da Orson Welles grundsätzlich von allen literarischen Vorlagen, die er für Bühne, Radio, Film oder Fernsehen adaptierte, eine sehr eigenständige Version realisierte, werden die von ihm inszenierten Werke im vorliegenden Band durchgehend mit kursiven Titeln angeführt.

Talent mit Chuzpe zu verbinden: ihm ganz allein gelingt es, das ausgesperrte Premierenpublikum so lange zu unterhalten, bis einige Straßen weiter ein Ersatztheater gefunden wird; im Triumphmarsch dort angelangt, läßt er seine Truppe endlich agieren – freilich nicht auf der Bühne, sondern im Zuschauerraum; die Begeisterung ist grenzenlos.

Die Resonanz ihrer Produktionen im Federal Theatre bei Publikum und Kritik einerseits, die zunehmende Empfindlichkeit der Roosevelt-Administration gegenüber Bühnen, die politisch brisante Stücke nicht scheuen, andererseits, bestärken Welles und Houseman darin, ein eigenverantwortetes Unternehmen zu riskieren. Ihr Mercury Theatre eröffnet 1937 mit *Caesar* nach Shakespeares Stück. In seinem Inszenierungsstil hält Welles sich an das Verfahren, das *Macbeth* zum Erfolg verhalf: Darsteller rezitieren Originalverse in fremder Umgebung und ungewohntem Gewande; Shakespeares antike Mannen erscheinen in schwarzen Uniformen, Caesar zudem in Masken, die an Tyrannen der Jetztzeit gemahnen, an Mussolini und an Hitler.

Auch andere Klassiker wie Büchners «Dantons Tod» versucht Welles zu aktualisieren – vorrangig mit Hilfe von Dekor, Bühnen- und Lichttechnik. Eine Hebebühne, die Danton oder St. Just vor einer

Mercury Theatre New York, 1937: Welles aktualisiert Shakespeares «Julius Caesar» als Drama über einen faschistischen Diktator; er selbst in der Rolle des Brutus (2. v. r.), Joseph Holland als Caesar

«Volksmasse» aus zahllosen Halloweenmasken in Höhen und Tiefen befördert, vermag die Kritiker zu begeistern; daß sie jedoch dem Publikum von heute hilft, einen Zugang zum schwierigen Geniestreich des deutschen Dichters zu finden, muß bezweifelt werden – zumal sich im Mercury Theatre bereits nach wenigen Vorstellungen von *Danton's Death* die Reihen zu lichten beginnen. Soeben noch war Orson Welles d e r Theatermacher der Saison, der «dem Broadway eine Bluttransfusion gegeben» hatte[22], und das Wochenmagazin «Time» widmete dem gerade erst dreiundzwanzigjährigen Star eine Titelgeschichte. Plötzlich müssen er und sein Ensemble um die Existenz fürchten. Vom Federal Theatre hatte die Mercury-Truppe die populäre Kulturpolitik der Niedrigpreise übernommen – sie hatte ihr volle Häuser gebracht, nie aber volle Kassen. Geldmangel beförderte den Erfindungsreichtum der Mercury-Produktionen und verhinderte zugleich, daß Experimente wie *Danton's Death* hätten aufgefangen werden können. Nach den politischen Hemmnissen eines subventionierten Theaters erfährt Welles – für ihn gewiß schmerzlicher noch – die kommerziellen Begrenzungen einer Bühne auf dem freien Markt.

An solche – insbesondere durch Geschmack und Aufnahmebereitschaft eines zahlenden Publikums gesetzte – Schmerzgrenzen muß Welles stoßen, solange er für die Bühne arbeitet. In abgewandelter Form soll sich diese Grunderfahrung in den Bereichen von Rundfunk, Kino und Fernsehen wiederholen. Sein Leben lang wird Welles kämpfen gegen kulturnivellierende Auswüchse der Marktgesetze und für den Erhalt und die Verbreitung von Literatur (und sei sie noch so anspruchsvoll), und zwar in einer Weise, die dem Original verpflichtet bleibt. Stets aufs neue muß er unterliegen, immer wieder bedient er sich derselben Mittel, um dieses Gefecht eines Tages vielleicht doch zu gewinnen. Kein anderes Moment hat die Künstlerpersönlichkeit Welles so nachdrücklich geprägt wie dieses Paradoxon. Auf eine griffige Formel gebracht: Um bedeutende Dichtung nach bestem Willen im Sinne ihrer Schöpfer vermitteln zu können an ein interessiertes Publikum (bestünde es aus einer einzigen Person), ist Welles bereit, eben diese Dichtung gründlich zu verändern, ja zu verfälschen. Als Autor, Regisseur und Schauspieler wird Welles in all seinen Tätigkeitsbereichen mal zum Gralshüter, mal zum Raubritter.

Krieg der Welten – Krieg der Medien

Dem Mercury Theatre gelingt es, sich auf dem freien Markt zu behaupten, denn es findet ein zweites Repertoire und ein zweites Publikum, und zwar beim Rundfunk. Der Sender CBS zahlt gut – und besser noch, als Welles und seine Truppe eine wöchentliche Hörspielreihe gestalten, die von der Suppenfirma Campbell gesponsert wird.

Orson Welles' regelmäßige Tätigkeit für den Rundfunk beginnt unmittelbar nach seinem Debüt am Broadway. Der Sender NBC bietet dem Schauspieler mit der außergewöhnlich klangvollen tiefen Stimme an, als Sprecher in der Serie «The March of Time» mitzuwirken. Sehr bald kann sich ein weiteres Talent dieser «Stimme» entfalten, nämlich die Fähigkeit, Sprechweisen von Menschen allen Alters und unterschiedlichster Herkunft glaubhaft imitieren zu können. Die aus kreativer Arbeit am Mikrofon gewonnenen Einsichten und Fertigkeiten lassen den T o n zur eigentlichen Grundlage der Inszenierungen auch des Theater- und Filmregisseurs Welles werden – vorrangig ist ihm also nicht das Bild, sondern das Wort. Dies sei, so Welles, das ganze Geheimnis seiner Kinoarbeit, denn die Kamera könne zwar die Gedanken, nur das Mikrofon aber die Gefühle vermitteln.[23]

In «The March of Time» werden dem Hörer aktuelle politische Ereignisse in komprimierter Form als inszenierte Dokumentation präsentiert; Schauspieler übernehmen darin die Rollen der Reporter, Politiker und anderer Zeitzeugen. Diese aus europäischer Sicht eigentümliche Art von Politikvermittlung durch eine Mischung von Fakten und Fiktion erfreut sich bei amerikanischen Hörern großer Beliebtheit. Auch die seit 1935 produzierte Kino-Monatsschau «March of Time» bedient sich neben realer der inszenierten Dokumentation; deutlicher aber als im Hörfunk wird der Informationsanspruch dieses – unterhaltsamen – Verfahrens betont.

Der Einfluß, den diese frühen künstlerischen Erfahrungen außerhalb des Theatermilieus auf die Entwicklung des Hörfunk- und Filmregisseurs Welles ausüben, kann kaum hoch genug eingeschätzt werden. Die dramaturgische Konzeption von «The March of Time» als Fiktionalisierung von Realität wie die durch sie geschaffenen Hörergewohnheiten bilden die eigentlichen Voraussetzungen, unter denen Welles' Hörspiel *The War of the Worlds* durch bloße Umkehr der Rezeptur jenes Nachrichtenspiels zum mediengeschichtlichen Großereignis werden kann.[24] Aber auch *Citizen Kane* wird in der Gesamtstruktur wie in Details geprägt sein vom Vorbild aus der Blütezeit des amerikanischen Radios.[25]

1937 beginnt der Sender Mutual mit der Übertragung der Kriminalreihe «The Shadow» nach einer Comic-Serie Walter B. Gibsons. Welles avanciert in der Titelrolle schnell zum Hörerliebling und kann sich vor Radioangeboten kaum noch retten. Ein rechtzeitiges Erscheinen zu den damals üblichen Live-Einspielungen in verschiedenen Studios im Zentrum New Yorks läßt sich an manchen Tagen nur unter Zuhilfenahme eines Rettungswagens mit Sirengeheul gewährleisten. Noch im selben Jahr erhält Welles von Mutual ein Arbeitsangebot, das seiner multifunktionalen Stellung im Mercury Theatre nahekommt: man läßt ihn das von ihm verfaßte Hörspiel nach Victor Hugos Roman «Die Elenden» selbst inszenieren und die Hauptrolle sprechen. Im folgenden Jahr bietet CBS dem Multitalent samt seiner Mercury-Truppe eine eigene Sendereihe: *The Mercury Theatre on the Air*. Der Bestand des Mercury Theatre mit seinen vielen guten Schauspielern wie Joseph Cotten, Agnes Moorehead, Everett Sloane, Ray Collins, Paul Stewart und Richard Wilson erscheint nunmehr langfristig gesichert.

Gemeinsam mit einem Autorenteam, unter ihnen Howard Koch, Herman J. Mankiewicz, Richard Brooks und Abraham Polonsky, die als Filmszenaristen bzw. -regisseure Berühmtheit erlangen werden, beginnt Welles im Sommer 1938 die Weltliteratur wie am Fließband zu verarbeiten – phasenweise wöchentlich ein Werk für Sendungen von durchschnittlich einstündiger Dauer. Bis 1940 produziert er – in der Regel in mehreren Funktionen gleichzeitig – über 70 Hörspiele nach Werken meist bedeutender Autoren, darunter Shakespeare natürlich, Charles Dickens, Jules Verne, Charlotte Brontë, Joseph Conrad, Mark Twain, Sinclair Lewis, Dashiell Hammett und Booth Tarkington, dessen Roman «The Magnificent Ambersons» dem Hörfunk- wie dem Filmregisseur Welles als Vorlage dienen sollte.

Die überaus arbeitsintensive Beschäftigung beim Rundfunk bedeutet keineswegs, daß Welles sich nunmehr dem Theater weniger verpflichtet fühlt. Er will es der Bühne so recht machen wie dem Studio. Doch zu welcher Hektik diese Bereitschaft eines Workaholic, der den Einsatz von Energie scheinbar unendlich zu steigern vermag, führen muß, läßt ein Foto erahnen, das den Sprecher am CBS-Mikrofon zeigt noch in der Maske des Kapitän Shotover aus seiner Mercury-Inszenierung von Shaws «Heartbreak House». *Ich war derart beschäftigt, daß ich verlernte, wie man schläft.*[26] Erstes Opfer solcher Betriebsamkeit wird Welles' Familienleben; Christopher ist noch kein Jahr alt, als ihre Eltern sich trennen.[27] Bald muß sich Welles auch entscheiden zwischen Theater und Radio. Seine Leidenschaft reicht wohl für beides, nicht jedoch sein Elan. Letztlich erliegt er der Faszination durch das neue Medium – wie es John Houseman im Rückblick sieht[28] –, und die Lust am Theaterleben erlahmt. So bewegt der Mißerfolg von *Danton's Death* Welles dazu, mit seiner Mercury-Truppe nicht länger am Broadway zu arbeiten. Zwar setzt er seine Bühnentätigkeit andernorts sogleich fort, doch selbst Shakespeare bereitet ihm – genauer: dem Publikum – diesmal allzuviel Mühe: *Five Kings*, seine Szenenauswahl aus fünf Königsdramen, verfehlt in Boston und Philadelphia den erhofften Erfolg und erreicht somit nie New York – für den Bühnenregisseur eine weitere Niederlage,

Keine Zeit zum Abschminken: Orson Welles als Radiosprecher, noch in der Maske des Captain Shotover der Mercury-Produktion «Heartbreak House», 1938

die seine Bereitschaft weckt, Angebote aus der Filmindustrie ernsthafter als bisher zu prüfen. Zwei Jahre zuvor bereits hatte sich das Warner-Studio um den Schauspieler bemüht – vergeblich: Welles war nicht geneigt, die Sicherheit der Erfolge am Broadway auszutauschen gegen die vage Aussicht auf eine Karriere als Nachwuchsdarsteller in Hollywood.

Im Oktober 1938 hetzt Orson Welles wie seit Wochen von der 41. Straße zur Madison Avenue und wieder zurück: um dort Büchner proben zu können, inszeniert er hier in gewohnter Schnelle seine Hörspiele – *Oliver Twist, Around the World in 80 Days* und *The War of the Worlds* gehören zum Programm des Monats. Besorgt verfolgen die Amerikaner in diesen Tagen an ihren Radiogeräten die Berichte über die aktuellen Ereignisse in Europa. Nazi-Deutschland hat sich nach der Annektion Österreichs soeben das Sudetenland einverleiben dürfen. Zugleich lassen sich die Hörer natürlich gern zerstreuen durch Musik oder spannende Hörspiele wie *The War of the Worlds*. Howard Kochs Adaption des Romans von H. G. Wells, inszeniert von Orson Welles, wird am 30. Oktober – live – übertragen.

Das Hörspiel entfaltet das Szenario eines von New Jersey ausgehenden verheerenden Eroberungsfeldzuges martialischer Wesen im Augenblick der Sendung. Auf den fiktiven Charakter der Sendung wird zwar wiederholt hingewiesen, eben davon abzulenken gilt jedoch das Bemühen der gesamten Inszenierung. Durch fingierte Authentizität in Form von Sondermeldungen, Interviews, Live-Reportagen soll der Eindruck erweckt werden, die geschilderte Invasion der Marsbewohner sei ein tatsächliches Ereignis. Als Welles einen höchst erregten Reporter vom Ort des Geschehens berichten läßt: «eine gekrümmte Gestalt steigt aus dem Krater empor... jetzt hat das ganze Feld Feuer gefangen... es kommt auf mich zu...»[29], hält es viele der mehr als sechs Millionen Zuhörer nicht länger vor den Geräten. Wenig später fliehen Heerscharen verängstigter Bürger aus den Städten aufs Land und verursachen ein Verkehrschaos ähnlich dem, das soeben in Welles' «Nachrichten» gemeldet worden war. Viele Menschen suchen Schutz in Kirchen und Krankenhäusern; verlassene Läden werden geplündert... noch nach Wochen hat die Polizei damit zu tun, umherirrende Landsleute zu beruhigen und zur Rückkehr zu bewegen. Und Monate wird es dauern, bis CBS die Nachwirkungen der größten Massenhysterie im Amerika des 20. Jahrhunderts überstanden hat. Zahllosen Klagen von betroffenen Bürgern gilt es zu begegnen; haftbar gemacht für alle Folgeschäden des von Welles so genannten *Halloween-Streiches*[30] wird allein der Sender, nicht der vertraglich abgesicherte Regisseur. Um so mehr kann er die Aufregung um ihn genießen; eine ganze Nation scheint nur von einem einzigen Mann zu sprechen. Sogar in Europa wird der «Krieg der Welten» von Wells und Welles zum Tagesgespräch; und Hitler kann für einen Moment von seinen sehr realen Invasionsplänen ablenken und despektierlich auf die allzu instabilen Verhältnisse in den USA verweisen.

Doch gerade die kaum verborgenen Ängste vor den Deutschen hatten überhaupt so zahlreiche Amerikaner in Panik versetzen können,

28

«sie nahmen an», so Howard Koch, «Hitler hätte eine geheime Vernichtungswaffe entwickelt und sei dabei, die ganze Welt zu erobern».[31] Und so verteidigt denn die «New York Tribune» den ansonsten vielgescholtenen Panikmacher: der habe «mehr zur Erhellung der letzten Vorgänge in Europa beigetragen als alles, was von Kommentatoren […] zu diesem Thema gesagt worden ist»[32]. Die Chefs von CBS, verantwortlich immerhin für eine Mediensensation von unbekannten Ausmaßen, zeigen sich in der Wertschätzung ihres schlagzeilenträchtigen Regisseurs zutiefst verunsichert: dürfen sie stolz auf ihn sein, oder haben sie sich seiner zu schämen? Vielleicht ist es das bloße Erschrecken vor der plötzlich erkannten Möglichkeit des eigenen Mediums zur Massensuggestion, das sie zuletzt bewegt, sich von Welles zu distanzieren – um die Quälgeister, die sie riefen, loszuwerden, verweisen sie die beunruhigte Öffentlichkeit auf den Zauberlehrling.

Soeben hatte das Mercury Theatre seine Pforten am Broadway geschlossen, als es erneut um seinen Erhalt bangen muß trotz – oder besser: wegen – seines Ruhms. Wie der reitende Bote des Königs erscheint in dieser Krisensituation Campbell! Die Suppenfirma zögert nicht, den momentanen Marktwert eines allenthalben Aufmerksamkeit erzielenden Orson Welles zu nutzen. Sie bietet der Mercury-Truppe an, in *Campbells Playhouse* ihren Hörern weiterhin bedeutende Werke der Literatur präsentieren zu können – in einer Form allerdings, die verspricht, populär genug zu sein, um als Anreiz zu dienen zum Kauf schmackhafter Suppen.

Citizen Welles

Im Herzen von Licht und Finsternis

Der Name Orson Welles hatte bei Theaterbesuchern und Radiohörern an der Ostküste einen guten Klang. Am Morgen nach der Sendung von *The War of the Worlds* ist er in aller Munde, auch an der Westküste und somit in Hollywood. Die Filmwelt reagiert prompt. Dem Schauspieler waren bereits vorher Rollen angeboten worden, jetzt aber erhält auch der Regisseur Offerten. Doch Welles weiß um seine Stärke als Multitalent und verfolgt weitergehende Pläne. In seinen Verhandlungen mit den Studios kann es sich der Hörfunkstar leisten, den Erhalt seiner künstlerischen Freiheiten zur Voraussetzung jeglicher Zusammenarbeit mit der Filmindustrie zu erklären.

Am 21. August 1939 unterschreibt Welles bei der RKO, einer der acht Major Companies im Zentrum der nationalen wie internationalen Kinoindustrie, einen Zwei-Jahres-Vertrag, der ihm ermöglicht, pro Jahr (d. h. 1939 und 1940) einen Film zu drehen als Autor, Regisseur, Schauspieler, Produzent – wahlweise oder in allen Funktionen zugleich. Die Mitglieder des Mercury-Ensembles – wie er selbst ohne Kameraerfahrung allesamt – werden in sein Filmteam übernommen; neben der Kontrolle über seine Projekte wird ihm eine Gewinnbeteiligung in Höhe von 20 Prozent zugesichert.

Die Übernahme mehrerer Hauptfunktionen innerhalb der Filmproduktion war bisher nur sehr wenigen Persönlichkeiten gewährt worden – solchen, deren cineastisches Talent und Publikumsgunst mittlerweile über jeden Zweifel erhaben schienen: Chaplin oder – in der Domäne der Männer erstaunlich genug – Mae West. Die Fülle der Zugeständnisse jedoch, die der vierundzwanzigjährige Kinoneuling der Chefetage eines der größten Studios abringen kann, bleibt in der Geschichte Hollywoods einmalig – so einzigartig wie das erste Werk, das aus diesem Vertrag hervorgeht. *Citizen Kane* wird zum wohl spektakulärsten Geniestreich der Filmgeschichte. Der Ideenreichtum des Projekts und

Der fünfundzwanzigjährige Orson Welles als Darsteller
des – gleichaltrigen – John Foster Kane

die leinwandgemäße Umsetzung dieser Ideen durch den kreativen Willen eines einzelnen Künstlers sind bis heute ohne Beispiel; in dramaturgischer, erzähltechnischer und in produktionsorganisatorischer Hinsicht wirkt dieses Werk geradezu so, als ob sein Schöpfer die Filmkunst neu erfinden wollte.

In einer seiner Hymnen auf *Citizen Kane* berichtet François Truffaut, daß er irgendwann verstanden habe, worin die Einmaligkeit dieses Werks besteht, darin nämlich, daß es der einzige Erstlingsfilm sei, der von einem schon berühmten Mann inszeniert wurde.[33] In entsprechender Weise läßt sich die Einmaligkeit des folgenreichen RKO-Handels mit der Berühmtheit des Verhandlungspartners von der Ostküste erklären, wie man überhaupt geneigt ist, diese Sternstunde des Kinos allein im Genie eines Orson Welles begründet zu sehen. Doch dieser Ausnahmeerscheinung der Filmkunst ergeht es nicht anders als allen Prominenten der Geschichte, die etwas an Glanz verlieren, betrachtet man genauer die Voraussetzungen, unter denen sie zur Bedeutsamkeit gelangten.

Welles beginnt seine Karriere in Hollywood, als die Studios, von einem ihrer vielen Überlebenskämpfe kaum erst erholt, erneut um die Existenz fürchten müssen. Der zu Beginn der zwanziger Jahre einsetzende Konkurrenzkampf hatte in der Filmbranche – wie in anderen Produktionsbereichen – zu einem Konzentrationsprozeß geführt, welcher im Verlauf der dreißiger Jahre nur noch wenigen starken Unternehmen das Überleben sicherte; doch deren finanzielle Stärke war erkauft durch Teilhaberschaft der Finanzwirtschaft und reichte kaum mehr aus, unter den Bedingungen eines freien Wettbewerbs zu bestehen. In der Zeit, als Welles den Vertrag mit RKO abschließt, einem «eigentlich bankrotten Wrack»[34], muß sich sein künftiger Arbeitgeber zusammen mit sieben anderen der größten Studios wegen monopolbildender Neigungen vor Gericht verantworten; der Trend zur Verflechtung von Produktion, Vertrieb und Spielstelle kann zwar noch verzögert werden, aufzuhalten aber ist er nicht.

Die verschärfte Marktsituation bewegt die Hauptgeldgeber, beizeiten die Kontrolle über die Filmproduktion zu übernehmen. Um Verluste weitgehend auszuschließen, werden alle Filmvorhaben bis ins Detail auf ihren Erfolg an der Kinokasse hin angelegt; der zu Anfang der zwanziger Jahre innerhalb der Filmindustrie erstellte Katalog von Kinotabus wird aktuellen Stimmungen der schweigenden Mehrheit der Zuschauer rasch und oftmals vorauseilend angepaßt – kein Film sollte jemals wieder Boykottaufrufen puritanischer Frauenverbände oder erzkonservativer Meinungsführer zum Opfer fallen müssen.

Mut zum Experiment, zur Kontroverse gar oder zu künstlerischer Innovation muß unter diesen Voraussetzungen allen Studios gleichermaßen halsbrecherisch erscheinen. Die gegebenen Marktgesetze haben vielleicht manchen Manager zu Verzweiflungstaten genötigt, doch gewiß nicht dazu, Geld auf das unberechenbare Wagnis Orson

Welles zu setzen, der alle für erforderlich gehaltenen Tugenden eines Hollywood-Regisseurs vermissen läßt: filmhandwerkliches Geschick, Routine, Bereitschaft zur Einordnung in ein Arbeitsteam, politische Indifferenz. Eine Erklärung für den Ruf, den Welles aus einer Kulturindustrie ereilt, die der Standardisierung ihrer Produkte – anscheinend – bedingungslos ausgeliefert ist, läßt sich wohl nur finden, wenn man die zweite Front beachtet, an der Hollywood seinerzeit zu kämpfen hat. Gemeint ist der Kampf gegen die Konkurrenz von außen; und dieser Kampf scheint schwerer gewonnen werden zu können als derjenige gegen die Konkurrenz von innen. Ein neues Medium der Massenunterhaltung kündigt sich an: eine Sendung am 29. April 1939 wird zur Geburtsstunde des amerikanischen Fernsehzeitalters. Größere Sorgen noch bereitet den Studios die zunehmende Beliebtheit des Rundfunks. Der Druck, den das Radio auf das Kino ausübt, wird als enorm empfunden – *The War of the Worlds* hatte dies in kaum zu überbietender Deutlichkeit demonstriert. Natürlich versucht Hollywood sich aus der Bedrängnis zu befreien – eines seiner Studios wagt sich in die Offensive: Dem Hauptkonkurrenten wird die momentan größte Begabung entzogen! Und ein zweiter, noch bedeutsamerer Schachzug in diesem Wettstreit wird erfolgen, dann nämlich, wenn sich dieses Hörfunkwunder wie behauptet als ein Allroundtalent erweist, das dem Kino zu neuen, das heißt zukunftsweisenden und damit zukunftssichernden Ausdrucksformen zu verhelfen versteht. In der Tat werden solche Hoffnungen in gewisser Weise erfüllt.

Neben anderen Gründen war es bis dahin in besonderem Maße der optimale Einsatz medienspezifischer Mittel, der für den Erhalt der Vormachtstellung des Rundfunks gegenüber dem Tonfilm sorgte. Orson Welles gelingt es, sich viele dieser Mittel im Konkurrenzmedium Kino schöpferisch nutzbar zu machen; niemand vor ihm verstand es, Dialoge, Geräusche und Musik so bewußt auf ihre filmdramaturgischen Wirkungen hin einzusetzen – mit Recht bezeichnet Truffaut daher *Citizen Kane* als den «ersten – und einzigen – großen radiophonischen Film»[35]. Der legendäre Vertrag, mit dem ein blutjunger Künstler von der Ostküste in Hollywood seine Chance erhält, gibt so gesehen seine Kehrseite als genialer Geschäftscoup der Firma RKO zu erkennen. Welles wird in seinem Film daran erinnern, wenn er den Zeitungsverleger Kane auf dem Wege zum Erfolg die gesamte Mannschaft vom Konkurrenzblatt kaufen läßt. 1939 muß zum Schicksalsjahr des Orson Welles werden, weil sich die Filmstudios in einem Streit fundamentaler Interessen befinden; der einen Seite dieser Konfliktlage verdankt er letztlich sein Engagement, der anderen Seite aber eine nicht enden wollende Reihe höchst leidvoller Erfahrungen.

Die Gunst der Stunde verschafft dem Vierundzwanzigjährigen also Arbeitsbedingungen, von denen jemand, der sein filmkünstlerisches Vermögen bereits unter Beweis stellen konnte, nur hätte träumen dürfen. Welles' filmpraktische Erfahrungen sind zu diesem Zeitpunkt kaum der Rede wert: fünf Jahre zuvor hatte er einen vierminütigen Stummfilm gedreht, *The Hearts of Age*; für Theateraufführungen kurz vor seiner Anstellung entstehen kleine Filme in der Funktion visueller Expositionen; ansonsten interessierte den Broadwayregisseur das Medium Film allein als eine Möglichkeit, die sich zur Konservierung seiner Mercury-Produktionen eignen könnte.

Da die erfahrenen Kollegen nur ungern erlauben, daß man ihnen über die Schulter blickt, zieht sich Welles mit seinem Filmteam wochenlang in die Vorführräume des Studios zurück, und dort läßt er sich alle technischen Geheimnisse eines einzigen Films erklären, von John Fords soeben fertiggestelltem Western «Stagecoach»: *alles, was ich wußte, lernte ich von Ford*[36]. Pläne für den ersten eigenen Film scheitern zunächst, und die Vermutung liegt nicht fern, daß es Welles mit der praktischen Umsetzung seiner Erfahrungen nicht so eilig hat, weil er sich noch nicht reif fühlt. Das Studio erwartet im übrigen, daß ihr Hoffnungsträger sich an Projekte hält, die seinen Ruhm begründeten, an Literaturadaptionen also. Aus naheliegenden Gründen wird eine Kinoversion von «The War of the Worlds» erwogen; die Verfilmung eines Romans jedenfalls gilt als selbstverständlich.

Schließlich entscheidet sich Welles zwar nicht für Wells, wohl aber für Joseph Conrad. Die vom Mercury Theatre für CBS inszenierte Hörspielfassung von Conrads Novelle «Heart of Darkness» war eine Woche nach der Sendung über die «Invasion» vom Mars ausgestrahlt worden, und *Heart of Darkness* soll nunmehr Welles' erster Spielfilm heißen. Der Ich-Erzähler, Kapitän Marlow, berichtet im Skript wortreich von seiner Reise ins Innere Afrikas und der für ihn erschütternden Begegnung mit dem Elfenbeinhändler Kurtz, einer dämonischen Macht der Finsternis. In welchem Maße sich Welles für den amoralischen Abenteurer Kurtz interessiert haben muß, läßt sich an der ihm eigenen Vorliebe für Antihelden in seinen bisherigen Bühnen- und Hörspielinszenierungen erkennen. Marlow, die eigentliche Hauptfigur, so plant es Welles, dürfe nicht vor der Kamera agieren, vielmehr soll die Kamera durchgehend mit seinen Augen sehen. Der Studioleitung erscheinen die Kosten für solche technischen Experimente zu hoch. Welles schlägt vor, an Originalschauplätzen zu drehen, um Geld zu sparen – aus Sicht des Studios ein vermessenes Ansinnen, bedeutet es doch Einschränkung seiner Kontrolle; das Projekt wird fallengelassen. Welles wird seiner dramaturgischen Idee dennoch eine Weile nachhängen und in *Citizen Kane* behutsam an sie erinnern: hin und wieder

«Bevor ich ‹Citizen Kane› drehte, habe ich mir vierzigmal ‹Stagecoach› angesehen.» Szene aus John Fords Film, mit John Wayne (Mitte) und Louise Platt

zwingt er den Zuschauer, aus dem Blickwinkel des recherchierenden Reporters auf das Geschehen zu sehen.

RKO läßt die Akzeptanz der Ideen ihres Jungregisseurs beim Publikum durch Meinungsumfragen heimlich testen. So sensationell die Freiheit erscheinen muß, die dem Wunderkind zugestanden wird, grenzenlos ist sie nicht, in wichtigen Bereichen sogar äußerst gering. Welles soll an seinen Filmen bis zur Endfassung ohne Beeinflussung arbeiten dürfen – aber das Recht, über die Drehbücher zu entscheiden, behalten sich die Studiochefs vor, und die Behandlung politischer und kontroverser Themen schließen sie von vornherein aus. Für den engagierten *liberalen Linken*[37] Welles, der in seiner bisherigen Arbeit in unterschiedlicher Form vor der weltweiten Gefahr des Faschismus warnen wollte, gibt es in Hollywood also keine Ausnahme – genauer gesagt: erst recht nicht für ihn. Seine Pläne zu Kriminalfilmen über faschistische Umtriebe in den USA und in Mexiko (nach den Romanvorlagen «The Smiler with a Knife» von Cecil Day Lewis beziehungsweise «The Way to Santiago» von Arthur Calder-Marshall) scheitern. Auch der für die Ablehnung des *Heart of Darkness*-Projekts entscheidende Grund wird eher in der vermuteten antifaschistischen Tendenz als in der ungewohnten Dramaturgie zu finden sein.[38]

Wer ist Amerikaner, wer Anti-Amerikaner?

Entsprechend der außenpolitischen Linie der USA gegenüber Europa, einer Haltung der Nichteinmischung, scheut Hollywood davor zurück, allzu deutlich Position gegen Hitler zu beziehen. Das Warner-Studio allerdings wehrt sich gegen den selbstzufriedenen Isolationismus – Jahre, bevor es mit seinem berühmten Melodram «Casablanca» (1942) im Einklang stehen wird mit der seit Kriegseintritt der USA geänderten Politik des State Department. Auch Chaplin gehört zu den Ausnahmen: als sein tragikomischer Angriff gegen den Faschismus, «The Great Dictator», im Herbst 1940 in den Kinos erscheint, fordert die deutschfreundliche Presse des Medienmoguls William Randolph Hearst sein sofortiges Verbot wegen kriegshetzerischer Tendenzen.

In einem Spielfilm die Gefahren für die Demokratie von außen darstellen zu wollen, ist also nicht leicht in diesen Jahren. Wie erst sollte Gefährdung für die Demokratie von innen, beispielsweise durch machtbesessene Zeitungszaren wie den erwähnten Hearst, zu einem Leinwandthema werden können?

Gerade weil Orson Welles später so enthusiastisch als Exponent des amerikanischen Autorenkinos gefeiert wird, der als Filmemacher mit Bild, Ton und Montage ein Werk ebenso autonom gestalte wie der Schriftsteller das seine mit den ihm eigenen Mitteln, muß man sich die Entfernung vergegenwärtigen, die zumindest den Drehbuchautor am Beginn seiner Karriere von der Freiheit eines Romanciers trennt. Unter dem Arbeitstitel *American* schreiben er und der Szenarist Herman J. Mankiewicz das Skript zu einem Film über Aufstieg und Fall eines Pressetycoons nach dem Vorbild realer amerikanischer Zeitungsgrößen. In der Filmfigur Charles Foster Kane lassen sich insbesondere Züge – bis in Details – des William Randolph Hearst erkennen, zu dessen Bekanntenkreis Koautor Mankiewicz einst gehörte. Er selbst habe eher an den Chicagoer Verleger McCormick gedacht, behauptet Welles im übrigen sei Kane eine fiktive Gestalt. An ihr arbeiten Welles und Mankiewicz (zeitweise auch John Houseman, der sich wenige Monate später im Streit vom Mercury-Partner trennt) lange und mit unterschiedlichen Zielrichtungen. Im Frühstadium überwiegt noch die unversöhnliche Haltung gegenüber einem höchst gefährlichen Feind der Freiheit aller Amerikaner; bis zum Drehbeginn wird die Hauptfigur dem Versuch unterzogen, sie vom Antihelden zum Beinahe-Helden zu wandeln. Vergleichbar ist dieser Veränderungsprozeß (unter umgekehrten Vorzeichen) mit jenem Bemühen Brechts im Verlauf dreier Schauspielfassungen, das Bildnis Galileo Galileis von dem eines aufgeklärten Wissenschaftlers in das des verantwortungslosen Verbrechers zu verwandeln.

Welles inszeniert «Citizen Kane»; neben ihm Kameramann Gregg Toland

Ein Jahr ist seit Vertragsabschluß vergangen, als die Dreharbeiten zu *Citizen Kane* beginnen. Die Besetzungsliste weist kein bekanntes Leinwandgesicht auf, niemanden somit, der vor der Kamera die Kompetenz des Neulings in Frage stellen könnte – das Mercury Ensemble übernimmt fast alle Rollen, Welles selbst den Titelpart.

Kurz vor der geplanten Premiere von *Citizen Kane* gelangt Hearst an eine Kopie des Films. Für ihn muß die Ähnlichkeit Kanes mit seiner Person frappierend und die kritische Haltung ihr gegenüber deutlich genug sein: sämtliche Blätter seines Imperiums erhalten Anweisung, ein Aufführungsverbot zu fordern. Hearst läßt Welles als Anti-Amerikaner denunzieren, droht dem RKO-Hauptaktionär Nelson Rockefeller und der gesamten Hollywoodprominenz mit einer Enthüllungskampagne, die eine Jagd auf die wahren Feinde Amerikas, gemeint sind Kommunisten und jüdische Emigranten, eröffnen soll. Louis B. Mayer ist einer der ersten, die sich einschüchtern lassen; der Chef von Metro Goldwyn Mayer bietet RKO an, die Produktionskosten von 805 527 Dollar zu übernehmen, falls das Negativ und alle Kopien von *Citizen Kane* vernichtet würden.[39] RKO-Präsident George Schaefer weist den Bestechungsversuch zurück und kündigt an, die großen – durchaus boykottbereiten – Kinoketten wegen Verschwörung zu verklagen. *Citizen Kane* gelangt verspätet und zögerlich in die Kinos. Schaefer gewinnt das Gefecht, und er verliert doch die Schlacht, denn er wird seinen Arbeitsplatz einbüßen, als neue Geldgeber seines Hauses ihn allein verantwortlich machen für hohe Verluste durch – mittlerweile – drei Welles-Filme.

Hearsts Aktivitäten gegen *Citizen Kane* haben dem Film ungewollt Publizität verschafft; so ist das Interesse der Zuschauer bis zur Premiere stetig gewachsen. *Citizen Kane* wird zu einem Publikumserfolg in den Großstädten – aber nur dort. Die Zurückhaltung der Kinogänger im Land ingesamt ist teilweise in damaligen Sehgewohnheiten begründet; zugleich reicht Hearsts Arm sehr weit: Viele Kinos buchen den Film, wagen es aber nicht, ihn zu zeigen. In den zahlreichen Hearst-Zeitungen darf weder der Film noch der Name seines Urhebers genannt werden. Die Redaktionen halten sich strikt an dieses Verdikt – erst nach 44 Jahren dürfen sie es verletzen, um in Schlagzeilen den Tod eines «un-American» zu vermelden.

«Rosebud – tot oder lebendig!»[40]

Citizen Kane gehört in die Reihe jener Kunstwerke, deren eigentliche Qualität sich erst im Verlauf vieler Jahre offenbart. Als der Film uraufgeführt wird, ist die Reaktion der Fachkritik ähnlich gespalten wie die des Publikums: viele Kritiker lassen sich begeistern von seiner innovativen Wucht, andere aber beklagen, das Werk sei verwirrend oder gar zu prätentiös. Welles erhält einen Oscar, doch nicht für die Regie, sondern – zusammen mit Mankiewicz – für die Vorstufe filmischer Gestaltung, das Drehbuch. Als die englische Kinozeitschrift «Sight and

Sound» erstmals 1952 unter Fachleuten nach den besten Filmen der Welt fragt, gelangt *Citizen Kane* nicht unter die Top Ten. Zehn Jahre später läßt ihn die gestiegene Wertschätzung Platz eins erreichen, den er bis zur jüngsten Umfrage (1995) halten kann.[41]

Wo immer *Citizen Kane* heute beschrieben, analysiert oder seziert wird, im Ergebnis findet sich stets die Erkenntnis, daß man es mit einem Kunstwerk von eminenter Bedeutung zu tun habe. Doch worin genau ist dieses Ansehen begründet? Der Film ist ein Versuch, den Lebensinhalt eines vermeintlich erfolgreichen Mannes zu bestimmen, und zwar unter Veränderung der natürlichen Erzählchronologie und aus unterschiedlichen Blickwinkeln. In der Thematik von der trügerischen Größe eines Menschen und in der Art ihrer erzählerischen Behandlung mag die eigentliche Bedeutung des Films liegen, wobei sich einzelne Komponenten der Gestaltung hervorheben ließen: die stilbildende Kameratechnik, die effektreiche Bild-Ton-Montage, das bravouröse dramaturgische Timing oder die Wandlungsfähigkeit des Schauspielers Welles, dem es mit Hilfe inspirierter Maskenbildner gelingt, den gebrochenen einsamen Greis Kane oder den Machtpolitiker so überzeugend darzustellen wie den idealistischen Jüngling.

Vielleicht ist die Originalität des Films vorrangig im kaum vorstellbaren Organisationstalent des Newcomers angelegt, den genannten Komponenten zu beträchtlicher Wichtigkeit zu verhelfen, um ihnen sodann jegliche Eigendynamik zu rauben und sie in ein einträchtiges Zusammenspiel zu zwingen. Als sensationellster Beitrag zum Gelingen des Films erscheint heute allemal die Dreistigkeit, mit der ein Filmneuling meint, in der Fabrik Hollywood, die Kinoträume bereits so arbeitsteilig produziert wie die Fabrik Chicago Autos, möglichst alles im Alleingang ausführen zu können – vom Entwurf der Thematik über die Ausgestaltung des Szenarios, die Übernahme der Hauptrolle bis hin zur Regie. Hätte er noch die Kamera geführt, die Musik komponiert oder die Dekorationen entworfen, vielleicht hätte es tatsächlich nie wieder eines Beweises bedurft, um all jene, die einen grundsätzlichen Unterschied zwischen Literatur und Kino behaupten, davon zu überzeugen, daß selbst in großen Filmstudios individuelles künstlerisches Schöpfertum möglich ist.

Stetig wächst die Zahl derer, die sich auf die Suche begeben, das Geheimnis um die wahre Größe dieses Klassikers zu ergründen. Vielleicht aber teilt *Citizen Kane* das Schicksal mancher epochaler Kunstwerke, nicht in jeder Hinsicht restlos erklärbar zu sein – und es entstünden eigentümliche Überschneidungen zwischen der Rezeption dieses Leinwandwerkes und seiner Thematik, seinen Mitteln und seiner zentralen Gestalt. Im letzten Akt des Films erleben wir, wie Kanes Frau Susan, von der Mitwelt abgeschieden, auf Schloß Xanadu ihre Zeit verbringt –

über Tage und Wochen, wie es scheint – mit nur einer Beschäftigung: dem Puzzlespiel. Eine Szene, die selbst wirkt wie ein Steinchen in einem Puzzle und uns damit die Schlüsselmetapher vor Augen führt, die sich eignet zur Beschreibung des Films in all seinen Aspekten – von der Struktur über die Wirkung bis hin womöglich zur schwierigen Bestimmbarkeit seines eigentlichen künstlerischen Gehaltes.

In geradezu atemberaubender Weise führt uns der Film ein in die Welt eines Puzzlespiels: Die Kamera fährt an einem Gitter mit dem Verbotsschild *No trespassing* entlang, überwindet die Absperrung und nähert sich einem pompösen Schloß, dringt durchs Fenster in das Zimmer eines Sterbenden; der Greis, in der Hand eine Glaskugel haltend, in der es auf eine Hütte schneit, raunt das Wort *Rosebud*; die Kugel fällt zu Boden und zerschellt. In einer ihrer Scherben spiegelt sich die Tür, durch die eine Krankenschwester den Raum betritt. Szenenwechsel. Bilder und Kommentare der Wochenschau «*News on the March*» raffen das öffentliche Leben des Verstorbenen zusammen: Charles Foster Kane war *Amerikas Kubla Khan*, dessen Karriere bei einer schlechtgehenden Zeitung begann und mit dem Regiment über 37 Blätter und etliche Rundfunkstationen endet; Kane war zugleich ein Politiker von Einfluß – er vermochte es, Kriege anzuzetteln, wenngleich seine Pläne, ein politisches Amt zu übernehmen, an einer Liebesaffäre scheiterten. Nach Ende des Nekrologs begutachten Redakteure das soeben gezeigte Material: *Zu erzählen, was der Mann alles tat, ist nicht genug. Man muß doch sagen, wer er wirklich war.*[42] Reporter Thomson wird daher beauftragt, sich nach der Bedeutung von Kanes letztem Wort zu erkundigen.

Die ersten Minuten von *Citizen Kane* nehmen gleichsam als Ouvertüre die Dramaturgie des gesamten Films vorweg. Mit der Kamera – als Auge eines beinahe allwissenden Erzählers wie auch als Auge subjektiver Berichterstatter – dringen wir ein in die öffentliche und private Sphäre eines Mannes, um das Rätsel seines Lebens zu lösen. Wir begleiten den Reporter auf seinem Weg der Recherche; er wird Menschen befragen, die Kane nahestanden. Die Berichte von fünf Personen beleuchten bedeutsame Stationen im Leben Kanes und darüber hinaus einzelne seiner Wesenszüge; zusammen mit den Informationen der Wochenschau scheinen sie sich trotz mancher Widersprüchlichkeit zu einem schlüssigen Porträt zu fügen. Der Reporter sammelt Puzzleteile; das maßgebliche jedoch, das den Sinn des Wortes *Rosebud* erklären könnte, findet er nicht – wohl aber der Zuschauer. Während der Auflösung des unübersichtlichen Haushaltes von Xanadu erfaßt die Kamera einen als wertlos erachteten Gegenstand, der ins Feuer geworfen wird, einen Schlitten mit der Aufschrift *Rosebud* – und während das Feuer die bedeutungsvollen Buchstaben langsam zerfrißt, erinnert sich der

«Citizen Kane» – ein Puzzlespiel. Kane (Orson Welles)
und Susan (Dorothy Comingore) auf Schloß Xanadu

Betrachter an das Kind in einer Schneelandschaft, das sich mit seinem
– wie als Abwehrwaffe gebrauchten – Schlitten vergeblich dagegen zu
wehren suchte, von den Eltern getrennt zu werden. Das Leben des
achtjährigen Kane erfuhr eine entscheidende Wendung, als die Mutter
unerwartet in den Besitz einer Silbermine gelangt; von nun an wurde

41

der Junge fernab seiner ländlichen Heimat unter der Obhut eines Finanzmaklers auf die immense Erbschaft vorbereitet.

Der Schlitten wird zum wichtigsten Mosaikstein inmitten der vielen Objekte von Kanes Sammelleidenschaft wie auch in dessen Lebensgeschichte und der Geschichte über ihn. Mit Hilfe seiner Schlußpointe gelingt es dem auktorialen Erzähler, die bisherige Lücke im Porträt dieser schillernden Persönlichkeit zu schließen – so möchte man glauben, bliebe nicht ein Rest, der nicht aufgehen will: wird doch der Zuschauer durch die mühevolle Recherche des Filmganzen mit ihren eher dürftigen Ergebnissen daran gemahnt, nicht zu meinen, nunmehr Charles Foster Kane in seiner Gesamtheit zu kennen.

Citizen Kane ist ein Film voller technischer Raffinesse. Insbesondere der Gebrauch äußerst unterschiedlicher Stilmittel evoziert erneut den Eindruck von einem Spiel mit Puzzleteilen, die zusammengefügt werden wollen: durch Überblendung verbundene Einstellungen im Verlauf langsamer Kamerafahrten, hektisch zusammengefügte Momentaufnahmen in Wochenschaumanier, rasante Ellipsen, durch Weitwinkelobjektiv und extreme Kamerapositionen verzerrte Perspektiven auf Szenarien, in denen Menschen überhöht oder erniedrigt erscheinen und der Raum zur Guckkastenbühne wird. Der Heterogenität des optischen Instrumentariums entspricht die Vielfalt der akustischen Mittel. In der Variation und Verschränkung von Motiven folgt sogar die Musik, die erste Filmkomposition Bernard Herrmanns, dem Muster eines Puzzles, und dies sehr eigenwillig gegen den Rhythmus der Bilder und deren Bedeutungsgehalt.[43]

Was *Citizen Kane* den Anschein einer Anthologie künstlerisch-technischer Möglichkeiten des Tonfilms verleiht, ist durchaus in seinem Strukturprinzip begründet. Auch extravagant anmutende filmerzählerische Gags sind niemals bloßer Selbstzweck – wie etwa eine der berühmten Bild-Ton-Ellipsen zeigt, die der Erinnerungsarbeit von Kanes Vormund, des Wallstreet-Bankiers Thatcher Gestalt gibt: Thatcher wünscht dem Kind, das einen Schlitten ausgepackt hat, *fröhliche Weihnachten*. Die Fortsetzung des Satzes, *und ein glückliches neues Jahr*[44], hören wir, nachdem ein Reißschwenk der Kamera bei einem um Jahre gealterten Thatcher geendet ist; er diktiert einen Brief an Kane, der an die bevorstehende Verfügungsgewalt über das Vermögen gemahnen soll. Welles treibt einfallsreich die Handlung voran, vermerkt dabei das Gleichmaß im Verlauf der Jahre Kanes unter der Obhut seines Vormundes und faßt wie beiläufig die Pole, deren Spannung Kanes Schicksal bestimmen, in ein Bild.

Zum Ruhme des Films trägt im besonderen Maße der auffällige Gebrauch von Weitwinkelaufnahmen und Tiefenschärfe bei. Sorgfältig

42

Die Kunst der Tiefenschärfe: Szene aus «Citizen Kane»,
mit meisterhaft arrangiertem Vorder-, Mittel- und Hintergrund

arrangierte Szenerien, in denen Gegenstände und Figuren im Vorder- wie im Hintergrund gleichmäßig scharf abgebildet sind, werden Welles zum Material der inneren Montage. So sehen wir beispielsweise in einer Einstellung im Vordergrund links den Zylinder des Bankiers Thatcher sowie die Blätter des Vertrages, der Charles' Erziehung als Erbe des Vermögens regelt; rechts daneben Kanes Mutter, die ihr Kind der Fürsorge eines Geldmaklers überantwortet; im Mittelgrund sitzt Thatcher, dahinter bewegt sich der Vater, der noch um seinen Jungen kämpfen will; und im Hintergrund erblicken wir durch das Fenster des Elternhauses den im Schnee spielenden Charles.

In Plansequenzen dieser Art arrangiert Welles im Verlauf der Handlung mehrmals Personal um bedeutsame Gegenstände; so in der Situation, in der Kanes erster Frau Emily der behauptete Ehebruch ihres Mannes nachgewiesen wird, und in Szenen, die im Zusammenhang stehen mit Kanes Starrsinn, aller Welt beweisen zu wollen, daß seine unbegabte zweite Frau singen könne: als Kanes einziger Freund Leland den Mut aufzubringen wagt, in seiner Theaterkritik den Auftritt der «Sängerin» Susan zu verreißen, und – besonders einprägsam – als

Susan versucht, weiteren künstlerischen Demütigungen durch Selbstmord zu entkommen.

In der Zeit vor Welles arbeiteten bereits aus ästhetischen und nicht allein aus technischen Gründen (wie noch die Filmpioniere) Friedrich W. Murnau und Jean Renoir mit dieser Form der Montage, ebenso John Ford und RKO-Regisseur William Wyler, für den Welles' Kameramann Gregg Toland exzellente Bilder mit großer Tiefenschärfe fotografiert hatte (zuletzt in dem kurz vor *Citizen Kane* entstandenen Film «Little Foxes»). Welles hat diese Verfahrensweise also sowenig erfunden wie irgendein in *Citizen Kane* angewandtes filmtechnisches Mittel. Neu jedoch ist die Konsequenz, mit der er sie in poetischer Funktion zum Einsatz bringt; für ihn wird eine die Illusion von Raumtiefe nutzende innere Montage zum konstitutiven Moment einer Erzählhaltung.

Manche Kritiker (wie Siegfried Kracauer zum Beispiel) werten Welles' Handhabung der von ihm bevorzugten Objektive als deutliches Zeichen einer Neigung zur Formspielerei und allzu großer Nähe zur Bühnendramaturgie.[45] Ganz anders sieht es der Filmtheoretiker André Bazin. Er feiert die innere Montage in *Citizen Kane* als Befreiung des Betrachters aus Unmündigkeit, denn im Unterschied zu der seit Sergej Eisenstein vorherrschenden äußeren Montage müsse der Betrachter die sinntragenden Einzelteile aus einer Einstellung isolieren, um sie zu einem Sinnganzen zu kombinieren.[46] Gewiß wird der Betrachter von *Citizen Kane* an der Kombinationsarbeit beteiligt, doch Bazin überschätzt offenbar das Maß an gewonnener Freiheit durch innere Montage: wie der Zuschauer zu kombinieren hat, gibt auch der Regisseur Welles vor – freilich auf sanftere Art als Eisenstein. Im übrigen macht Welles ausgiebigen Gebrauch von der äußeren Montage – durch Überblendungen wird dem Zusammenprall der Einstellungen allerdings die Härte genommen.

Wie wenig Welles den Einsatz seiner Mittel der Beliebigkeit überläßt – vor allem im Hinblick auf die Zuschauerwirkung –, wird deutlich erkennbar, wenn man die obengenannten Beispiele der inneren Montage im Rahmen der Gesamtstruktur des Films aufeinander bezieht: Werden Einzelinformationen über die Hauptfigur in einer Hektik vermittelt, die derjenigen entspricht, mit der Kane versucht, Erfolge wie Wertgegenstände anzuhäufen, erweist sich die traditionelle Montage als adäquate Filmsprache. Plötzlich wechseln Rhythmus und Erzählform: Mensch und Ding in jedweder Position werden von der Kamera scharf erfaßt und in eine Einstellung «gepreßt» – brennpunktartig, denn es handelt sich jeweils um Momente von außerordentlicher Bedeutung in Kanes Leben, eine Gemeinsamkeit, die durch direkte oder assoziative Hinweise auf den Weitwinkeleffekt der Glaskugel und ihr «erfrorenes» Innenleben, die verschneite Hütte, bekräftigt wird. Das erste Beispiel verdichtet das traumatisierende Erlebnis der Trennung des Kindes von den Eltern, die späteren erstarrten Einstellungen wirken wie das Echo dieses als überaus schmerzlich empfundenen Verlustes. Kane verliert nacheinander die Liebe seiner ersten Frau, die Liebe seines einzigen Freundes und die Liebe seiner zweiten Frau. Vier Ereignisse, die die Einsamkeit Kanes verursachen beziehungsweise ihr Ausmaß steigern und die im raschen Fluß der Lebensbilder so erscheinen, als bliebe für einen Moment das Herz stehen. Durchgehend erscheint Kane als betriebsamer Akteur, nur ausnahmsweise – in der Wirkung umso nachhaltiger – agieren andere: die Mutter, Thatcher, Emily, Leland, Susan. Kane versucht stets sofort, die Entscheidungsgewalt zurückzugewinnen, doch er hat keinen Zugriff auf Menschen. In merkwürdig verzerrten Raumbildern erscheint Kane, riesengroß und zwergenhaft, als Gefangener seiner Glaskugel; wie selbst zu Kristall erstarrt, spiegelt die greise Gestalt eine Vielzahl ihrer Abbilder, als die Einsamkeit ihren Höhepunkt erreicht.

Zeitloser Glanz einer magischen Kugel

Im Gefolge von Kracauers Kritik gibt es bis heute Versuche, das Faszinosum von *Citizen Kane* zumindest zu relativieren. Der kritische Blick auf einzelne Bausteine des Films wird manche Trivialität oder Ungereimtheit aufdecken, sei es die Orientierung der Fabel am volkstümlichen Psychologieverständnis, sei es das dramaturgische Verfahren, das vorgibt, fünf Menschen erzählten *fünf verschiedene, jeweils voreingenommene Geschichten*[47], während es tatsächlich aber nur einzelne Lebensabschnitte des Helden wie aus einem Blickwinkel und objektiv wiedergibt. Beklagen läßt sich zudem die zurückgenommene Kritik an systemimmanenten Bedrohungen der Demokratie. Die Auflistung von solchen Mängeln mag nützlich sein, um den Film vom fragwürdigen Mythos des «Besten Films aller Zeiten» zu befreien.[48] Angebliche Schwächen könnten sich dennoch als mediengerechte Stärken, womöglich als kluge List des Autors erweisen.

Welles trägt Material aus den unterschiedlichsten Bereichen des Kulturbetriebs zusammen, von anspruchsvollen bis zu den unterhaltsamsten Sparten; die Zusammenfügung gelingt deshalb, weil disparat erscheinende kulturelle Traditionen und Vermittlungstechniken auf ihre Tauglichkeit für das amerikanische Kino hin geprüft werden: Elemente von Bühnendramaturgie, moderner Epik, des Hörspiels, des europäischen Films werden – ähnlich wie die ursprünglichen Intentionen des Drehbuchs – einem Vereinfachungs- und Adaptionsprozeß unterzogen, um den Fundus einer Kunstform erweitern zu können, die auf ein Massenpublikum zielt. Wie selbstverständlich beachtet *Citizen Kane* ein ungeschriebenes Gesetz jedes vorrangig der Unterhaltung dienenden Mediums: nur wenn die über Jahre gewachsenen Gewohnheiten und Erwartungen der Hauptzielgruppe berücksichtigt werden, lassen sich deren Wahrnehmungsweisen verändern und öffnen für neue, andersartige Erfahrungen. In welchem Grade *Citizen Kane* unter diesem Aspekt 1941 innovativ wirken konnte, darüber gibt auch die eingangs erfolgte Beschreibung der Bedingungen, unter denen Welles seinen Film produzieren konnte, Auskunft. Trotz der wohlüberlegten Vereinfachungen bleibt die Erzählstruktur nicht gerade unkompliziert für die damaligen Kinozuschauer. Aus heutiger Sicht wiederum erscheint es beinahe so, als ob Risse und blinde Stellen dieser magischen Kugel *Citizen Kane* zunächst für Irritationen sorgen müssen, damit sich Glanz und innerer Zauber um so nachhaltiger entfalten können.

Nein, *Citizen Kane* sei kein Massenfilm, der «einem an die Gurgel springt», meint Sartre noch 1945; dieser abstrakte Film sei «wie ein Roman, dessen Stil immer in den Vordergrund drängt und dessen Figuren man in jedem Augenblick vergißt».[49] Der aufdringliche Stil und eine unvergeßliche Hauptfigur sind es, die *Citizen Kane* zum Kultfilm werden lassen. Stets verwandte Hollywood alle Mühe darauf, die Machart eines Films im Kinosaal möglichst vergessen zu machen. Dagegen bleiben in *Citizen Kane* die Mittel der Inszenierung erkennbar, als sei es ihre Aufgabe, – im Sinne Brechts – die Illusion von Wirklichkeit auf der Leinwand zu unterminieren. Was 1941 als Sieg der Form über den Gehalt empfunden werden muß, wird bald zum Vorbild aller Cineasten. Wegen seines stilistischen Selbstbewußtseins verehren sie dieses Werk, aber sie lieben es wegen seiner Titelfigur. Sich ihr zu nähern, bedeutet wohl, in jenen Bereich zu geraten, in dem das «Geheimnis» des kultischen Erfolges von *Citizen Kane* geortet werden kann.

Im Verlauf des zweistündigen Films zeichnet sich in Umrissen das

John Foster Kane und sein einziger Freund Leland (Joseph Cotten)

Bildnis eines Charakters ab, dessen negative Eigenschaften zu überwiegen scheinen. Kane wird gezeigt als hemmungsloser Kämpfer, der sich wandelt vom idealistischen volksnahen Zeitungsverleger zum profitsüchtigen Demagogen, vom Demokraten aus Überzeugung zum Opportunisten an der Seite von Diktatoren, vom einfühlsamen Freund zum eiskalten Menschenverächter, der glaubt, für Geld alle und alles kaufen zu können. In den Rückblenden berichten die Befragten über ihr Verhältnis zu Kane – ihnen allen ist eine Erfahrung gemeinsam: die Veränderung dieses Verhältnisses stets zum schlechten. Jeweils unterschiedliche Wesenszüge Kanes werden dafür verantwortlich gemacht – doch es sind nicht ausschließlich und eindeutig negative: in übersteigertem Ehrgeiz spiegelt sich Ideenreichtum, im raffgierigen Besitzstreben das starke Bedürfnis nach Liebe und Harmonie, in zügelloser Machtbesessenheit die panische Angst vor dem Verlassenwerden. Der Erzähler gibt die kritische Haltung seiner Figur gegenüber nie auf, doch sie ist in keinem Moment derart ausgeprägt, daß dem Zuschauer nur die verstandesmäßige Verurteilung eines Unmenschen bliebe – vielmehr eröffnet sich immer wieder die Möglichkeit, Verständnis aufzubringen für das Opfer widriger Umstände. So gesehen ist Kane ein Mensch, der sich gegen die ihm zugedachten Rollen wehrt, der am Verlust der Elternliebe leidet und nach Ersatz suchen muß in einer Warengesellschaft, deren Ideologie beständig suggeriert, daß es für jedes Problem ein passendes Produkt gebe. Die Fähigkeit zu Trauer und Reue hat sich Kane bis ins hohe Alter bewahrt, und so vermag er zuletzt unser Mitleid zu erregen, wenn er an gebrochenem Herz stirbt. Kanes Untugenden sind wie seine Tugenden Archetypen menschlichen Verhaltens; der Film über ihn ist ein Porträt William Randolph Hearsts ebenso wie ein Selbstporträt von Orson Welles.[50]

Kane verkörpert die Hybris Shakespearescher Könige wie ihr Leiden, ihre Trauer, ihre Sehnsucht nach einem anderen Leben. Eine solche janusgesichtige Gestalt, ihre ursprünglich durch Studioreglements erzwungene Anlage, die sich nicht eignet für die wohlfeile Inanspruchnahme als politisches Feindbild, erweist sich als langfristige Erfolgsrezeptur des Filmschauspielers Orson Welles – keine Rolle liebt er mehr als die des Verdammten, der im Grunde nichts besitzt außer seinem Charme.

Citizen Kane enthält das Angebot an das Kinopublikum, sich aus Puzzleteilen eine Persönlichkeit zu formen, in der die positiven oder die negativen Züge überwiegen. Bei späteren Zuschauergenerationen jedoch wird die Wut auf den kaum mehr konkret-historisch verstandenen Antihelden deutlich überlagert vom Mitgefühl für einen Menschen, der anscheinend niemals innehält in seiner Suche nach der verlorenen Zeit. Vielleicht ist es der Facettenreichtum Kanes, der bis heute viele Zuschauer veranlaßt, diesen Film immer wieder zu betrachten, und vielleicht ist es das allmähliche Erkennen der eigenen Person in Kane, das im Betrachter ein lange nachwirkendes Gefühlserlebnis auszulösen vermag.

Hearst kann seinerzeit in *Citizen Kane* nur die Verunglimpfung seiner Person erkennen. Manche seiner Zeitgenossen entdecken weit Gefährlicheres, nämlich die exemplarische Bedeutung der Hauptfigur als Kritik am «American Way of Life», an den ehernen Prinzipien des Erfolges und also auch am System Hollywood. Hätte man Orson Welles

«Citizen Kane» wird uraufgeführt: Orson Welles mit RKO-Chef George Schaefer, der Schauspielerin Dolores Del Rio und der Kolumnistin Elsa Maxwell am 1. Mai 1941 in New York

nicht doch besser «The War of the Worlds» verfilmen lassen sollen? Ähnlich wie einst den Kollegen vom Rundfunk muß auch den Studiobossen der Traumfabrik der Schrecken in die Glieder gefahren sein – allein der Blick auf die in konzentrierter Form dargebotenen **Möglichkeiten** ihres Mediums in ästhetischer wie gesellschaftskritischer Hinsicht bereitet ihnen großes Unbehagen. Zu einer Zeit, als Welles schwer zu kämpfen hat, damit RKO seinen Erstling endlich herausbringt, scherzt ein kritischer Beobachter der Hollywoodszene in weiser Voraussicht: «Orson Welles hat einen Vertrag für zwei weitere Filme unterzeichnet, für einen, der 1941 NICHT gezeigt, und für einen, der 1942 NICHT gezeigt wird.»[51]

Genie in Nöten

In der Falle des Hauses Amberson

Monate vor der Aufführung seines Erstlings präsentiert Welles seinem Studio Entwürfe zur Verfilmung von Stoffen, wie sie ungleicher kaum sein können: das Leben Jesu *als eine Art Western*[52] etwa oder das Leben des Pariser Frauenmörders Landru, dessen Rolle – wie Welles vorschlägt – Chaplin übernehmen solle. Verwirklicht werden diese Projekte später in veränderter Form, doch keineswegs von Welles.

Laut Vertrag vom August 1939 hätte Welles seinen ersten Film in achtzehn Wochen fertiggestellt haben müssen. Seinen «Verstoß» kann sich das Studio jetzt zunutze machen, um den Ausnahme-Vertrag mit Welles schnellstens zu überarbeiten – es wird sich nunmehr das Recht zur Endmontage vorbehalten. Gegenüber *Citizen Kane* wird dieser Passus Welles' Arbeitsbedingungen in Hollywood in bedeutsamem Maße beeinträchtigen, ja mehr noch: diese Vertragsänderung markiert den Beginn eines sich rasch vollziehenden Entfremdungsprozesses zwischen RKO und Welles; an dessen Ende wird ein «Welles-Film» präsentiert, der in Teilen von fremder Hand verändert werden durfte bis hin zur Unkenntlichkeit. Aus Welles' Sicht hat die Einschränkung seiner künstlerischen Freiheit fatale Folgen, nämlich den Verlust aller Arbeitsmöglichkeiten bei RKO sowie die Zerstörung seines zweiten Werkes, *The Magnificent Ambersons*, durch das Studio.

Zunächst hatte die Studioleitung ihr schwieriges Genie durchaus noch gewähren lassen wollen, zumal sie sich mit Welles auf ein Projekt einigen kann, das in inhaltlicher wie technischer Hinsicht verspricht, keinerlei unangenehme Überraschung bereitzuhalten: die Familiensaga «The Magnificent Ambersons» von Booth Tarkington, einem Freund von Richard Head Welles, soll verfilmt werden, und zwar vorlagengetreu und in linearchronologischer Erzählweise. Das Buch ist bekannt oder doch Orson Welles' erfolgreiche Hörspielversion von 1939. Eine sichere Sache also, wie man glaubt – und so sicher immerhin, daß

«The Magnificent Ambersons», 1941: Stolz präsentiert Eugene Morgan (Joseph Cotten, Mitte) ein von ihm erfundenes Automobil. Links George (Tim Holt) und Lucy (Anne Baxter), rechts Isabel (Dolores Costello) und Fanny (Agnes Moorehead)

Welles rasch eine Etaterhöhung allein für die Ausstattung des Films durchsetzen kann. Die Räumlichkeiten, die er bauen läßt, insbesondere das verschachtelte Anwesen der Ambersons, übertreffen noch an Detailgenauigkeit, an architektonischer Beweglichkeit (und den damit verbundenen Kosten) den seinerzeit ungewohnten Aufwand im Dekor für *Citizen Kane*. Die Dreharbeiten dauern zudem länger als geplant (dreizehn Wochen); und als *The Magnificent Ambersons* im Sommer 1942 in den Kinoverleih gebracht wird, rechnet das Studio fest damit, erneut Geld verloren zu haben – womöglich zu viel.

Der Film *The Magnificent Ambersons*, so wie er uns von der Leinwand her bekannt ist, erzählt die Lebens- und Liebesgeschichte zweier Paare in der Zeit des Übergangs vom aristokratischen zum bürgerlich-industriellen Amerika. Isabel, Tochter der wohlhabenden Ambersons, liebt den mittellosen Erfinder Eugene Morgan, heiratet aber standes-

gemäß. Zwanzig Jahre später wirbt Eugene, inzwischen Automobil-
fabrikant, erneut um Isabel, doch ihr eigensüchtiger Sohn George
trachtet voller Standesdünkel, das Glück seiner verwitweten Mutter zu
verhindern – sie stirbt als einsame Frau. Er selbst wirbt lange vergeblich um Lucy, Eugenes Tochter. Am Ende wird George von einem Auto
angefahren und schwer verletzt – nunmehr erbarmt sich Lucy seiner.

Wie in *Citizen Kane* (und späteren Welles-Werken) steht im Zentrum
der *Ambersons* ein Mann, der vergangenen Tagen verhaftet bleibt in
einer Weise, die ihm verwehrt, seine Gegenwart auf die Zukunft hin einzurichten. Tiefenschärfe, Aufnahmen aus Untersicht und lange Einstellungen (Plansequenzen) sind die Techniken, die die Handschrift des
Kane-Regisseurs zu erkennen geben. Doch die weitgehende Beschrän-
kung auf den Einsatz eben dieser Stilmittel sowie deren Verfeinerung,
der ruhige Rhythmus der Erzählung in natürlicher zeitlicher Abfolge
lassen den Zuschauer diesmal «einfließen» in die von einem auktorialen Erzähler (Welles in der Sprecherrolle) berichtete Geschichte –
kinematographische Kunstgriffe werden ihm als solche kaum gewahr.
Verstärkt wird dieser Effekt durch eine Optik, die sich konzentriert
auf die zahlreichen Hauptfiguren, auf deren raffinierte Choreographie
innerhalb der Weiten und Winkel eines Eigenleben gewinnenden Her-
renhauses. Gerade in Szenen, in denen Welles sich bloßer Bühnendramaturgie anzunähern scheint, zeigen sich die spezifischen Möglichkeiten
seiner filmpoetischen Kraft: einige der sehr langen – bis zu zehn Minuten
dauernden – Einstellungen sind geprägt von einer sich steigernden
Spannung zwischen den Personen, einer Spannung, die aus der Kontra-
punktik von Gesagtem und Gemeintem erwächst; nur eine wie gebannt
beobachtende ruhige Kamera – so erscheint es – vermag diesen explo-
siven Untergrund der Dialoge aufzuspüren. Der *Amberson*-Film wirkt
so, wie Truffaut es treffend formuliert, als habe Welles dem Regisseur
von *Citizen Kane* «eine Lektion in Bescheidenheit geben wollen»[53].

Was immer jedoch der Regisseur der *Ambersons* tatsächlich wollte,
wir können es anhand der beschriebenen Szenen allenfalls erahnen, an-
gesichts eines Films, der seit dem Tag seiner Uraufführung nurmehr
als Ruine existiert. Der offizielle *Amberson*-Film – genauer: die Geschichte seiner teilweise widersprüchlichen und bis heute rätselhaften
Entstehung – wird zum Dokument des spektakulären Zerwürfnisses
zwischen Hollywood und seinem bedeutendsten Talent.

Anfang März 1942 läßt RKO Welles' Montagefassung vor ausge-
wähltem Publikum testen. Auf Mißfallensbekundungen vieler Zuschauer reagiert die Studioleitung mit Entsetzen – in Teilen wohl sogar
mit Freuden, denn im Sommer wird Präsident Schaefer ersetzt durch
Charles W. Koerner, dem Vertrauten eines texanischen Unternehmers,
der die Mehrheit der Studioaktien erwirbt. Programmatisch steht

Koerner für die serienmäßige Herstellung von Leinwanddramen, die den vorherrschenden Geschmack eines Massenpublikums uneingeschränkt zu bedienen haben. Der neue Studiochef fordert Welles zuletzt gar nicht mehr auf, den Film (in der Version also, die Welles' Intentionen entsprach) zu ändern oder zu verbessern, er sucht vielmehr den Anlaß, um mit ihm brechen zu können. Eigenmächtig läßt er dessen kritisch-pessimistisches Zeitdokument über Glanz u n d Verfall einer Familie um einen versöhnlichen Schluß (wie oben beschrieben) ergänzen und – schlimmer noch – das über zweistündige Werk um ein Drittel kürzen, so daß Entwicklungslinien und -tempo der Erzählung zerstört werden. Die von Welles beabsichtigte Verschränkung von individuellem Geschick und gesellschaftspolitischem Prozeß an der Nahtstelle zweier Epochen amerikanischer Geschichte wirkt nunmehr wie vom Zufall diktiert – Welles' Familienepos wird seiner historischen Tiefenschärfe beraubt und somit seiner eigentlichen künstlerischen Qualität, die sich vom allein unterhaltsamen Anspruch der gelegentlich rührseligen Vorlage hätte absetzen können.

Keine der Entscheidungen der Studioleitung vermag Welles jemals zu korrigieren; zehn Tage vor der Premiere seines grundlegend veränderten Films nimmt man der Mercury-Truppe sämtliche Räumlichkeiten auf dem Studiogelände. Als wäre dies alles nicht genug, beschließt Koerner, daß die *Ambersons* für alle Zeiten ein Torso bleiben sollen: er läßt das herausgeschnittene Material vernichten.[54]

Es sei daran erinnert, daß in Hollywood keinem Regisseur ein so hohes Maß an künstlerischer Freiheit eingeräumt worden war wie Orson Welles; verständlicherweise erhofften neiderfüllte Vertreter des Establishments, *den Tag zu erleben, an dem dieser Junge seine Abrechnung bekäme*[55]. Wie der arrogante George Amberson erhält auch Welles seine Abrechnung, so erbarmungslos, wie sie wohl kein anderer Regisseur je erfahren hat.

Selbst in der verstümmelten Form, in der wir den Film kennen, belegt dieser rückwärtsgewandte und zugleich prophetische Blick auf das zerstörerische Zeitalter des Automobils das einzigartige künstlerische Vermögen eines Orson Welles. Wer *The Magnificent Ambersons* jedoch (womöglich in Kenntnis der beschriebenen Eingriffe durch das Studio) zum wahren Meisterwerk Welles' erklären möchte wie André Bazin[56] oder meint, der Film sei «kinematographisch aufregender als ‹Citizen Kane›» (James Monaco[57]), der leistet – gewollt oder ungewollt – Hilfestellung bei der Rechtfertigung einer der größten Untaten in der Geschichte des Kinos – denn der Schere geopfert wurde *tatsächlich das ganze Herz des Films*[58].

Zusätzlich kompliziert wird die Geschichte des *Amberson*-Projekts durch die Tatsache, daß dem Regisseur selbst eine Mitverantwortung

Hollywoodstudio RKO wirbt für das Werk seines Multitalents

an der Beschädigung seines Werks nicht abgesprochen werden kann. So ordnet Welles kurz vor der Testvorführung die Entfernung von Szenen an, die das Verhalten Georges seiner Mutter gegenüber als Ausdruck ödipaler Bindung verdeutlichen. Eine tiefsitzende Angst vor Selbstentblößung sei es gewesen, so die These des Filmkundlers Robert Carringer, die Welles letztlich veranlaßte, seinem Film das dramatische Zentrum zu nehmen und damit den Weg zu ebnen zur Veränderung eines Werkes von subtiler tschechowscher Qualität in ein wohlfeiles Melodrama.[59]

Sie zerstörten die Ambersons, und das zerstörte mich – so urteilt Welles.[60] Ein Opfer ausschließlich der Studiobosse jedoch, das ist er wohl nicht, wie uns ein weiteres Kapitel in der Produktionsgeschichte der *Ambersons* zeigen soll.

Im Nord-Süd-Konflikt

Nach der aufreibenden Arbeit an *Citizen Kane* verhält sich der viel gelobte wie gescholtene Starregisseur so, als könne er sich auf kein einziges Vorhaben konzentrieren – oder umgekehrt: als könne er zur Hochform nur gelangen unter der Bedingung, mehrere Aufgaben gleichzeitig zu erledigen. Das Maß an Verpflichtungen, die Welles in der Entstehungszeit der *Ambersons* eingeht, ist geradezu atemberaubend.

Schon im Sommer 1941 bereitet er zusammen mit seinem Regiekollegen Norman Foster einen panamerikanischen Film vor, der vier in unterschiedlichen Stilen erzählte Episoden vereinen soll. Eine dieser Episoden des Projekts mit dem Titel *It's All True* will die Geschichte des Jazz am Beispiel von Louis Armstrong veranschaulichen *(Jazz Story)*; Gegenstand einer anderen ist der mexikanische Stierkampf *(My Friend Bonito)*. Im Herbst läßt sich Welles gar auf ein weiteres Kinoprojekt ein: gemeinsam mit Joseph Cotten schreibt er das Drehbuch zu *Journey into Fear*, einem Agententhriller nach einer Vorlage Eric Amblers; er selbst will den Film produzieren, die Regie und eine der Hauptrollen übernehmen. Die Dreharbeiten zu diesem Film beginnen, als jene zu den *Ambersons* noch gar nicht abgeschlossen sind, und so ist der Vielbeschäftigte genötigt, zumindest die Hauptverantwortung für die Inszenierung am Spionagefilm abzugeben. Norman Foster muß – früher als geplant – für ihn einspringen, was wiederum bedeutet, daß jener gezwungen ist, seine soeben erst in Mexiko begonnene Arbeit an *Bonito* zu beenden. Tagsüber steht Welles nun hinter der Kamera im *Amberson*-Set und nachts vor der Kamera als türkischer Abwehrchef in *Journey into Fear* – inszeniert von Foster nach Welles' mehr oder weniger verbindlichen Regieanweisungen.

Sechs Wochen vor Drehstart der *Ambersons* beginnt Welles mit der Produktion und Inszenierung einer neuen Hörfunkreihe für CBS: *Orson Welles Show*. Die meist *Almanac* genannte Sendung bietet den Hörern eine Mischung aus Hörspielen nach literarischen und historischen Vorlagen, Kommentaren sowie Musik- und Gageinlagen. Diese Show, in der Welles zudem als Gastgeber und Rollensprecher fungiert, wird wöchentlich ausgestrahlt, und zwar bis zum Ende der *Amberson*-Dreharbeiten. Welles verabschiedet sich am 1. Februar 1942 vorläufig von seinen Hörern – durchaus nicht zu dem Zweck, sich der Fertigstellung seines Epos widmen zu können, sondern weil er seine Arbeit an *It's All True* fortzusetzen gedenkt – von Südamerika aus, und dies mit dem Segen höchster Staatsstellen. Denn *It's All True* soll nunmehr aufgewertet werden zu einem prominenten Dokument der Völkerverständigung im Zuge von Roosevelts Politik der guten Nachbarschaft mit

Orson Welles in Brasilien: Dreharbeiten zu «It's All True», 1942

den lateinamerikanischen Staaten. Diese sollen – nach Kriegseintritt der USA – als Partner erhalten bleiben auch im Kampf gegen den Faschismus. Hollywood kann diese Art der politischen Einflußnahme nur recht sein, sind vor der eigenen Haustür doch Absatzmärkte zu gewinnen, die in Europa soeben verlorengehen.

Mit seinem Cutter Robert Wise fertigt Welles in den folgenden drei Tagen und Nächten einen Rohschnitt der *Ambersons* an. Die Endfassung will er in Rio erstellen. Dorthin drängt es ihn, denn der Karneval beginnt, und der wird zum eigentlichen Thema eines veränderten Konzepts von *It's All True*. So muß unter anderem die *Jazz Story* der lateinamerikanischen Schwerpunktsetzung weichen, an ihre Stelle rücken die Geschichte des Samba und die der Jangadeiros, jener vier brasilianischen Fischer, die im Jahr zuvor zu Volkshelden wurden, als sie mit ihrem Floß vom entlegenen Fortaleza 1800 Seemeilen weit in die Hauptstadt segelten, um auf die Armut und Rechtlosigkeit ihrer Region unter dem Diktator Vargas aufmerksam zu machen. Welles, der unentgeltlich arbeitet, und sein Team belichten viele Meter Farbfilm im Karnevalsrausch. Für kurze Zeit läßt sich der berühmte Gast aus dem Norden hineinziehen in den Taumel aus Tanz, Trunkenheit und Abenteuer, bevor er sich auf der Suche nach den Ursprüngen des Samba in Voodoo-Zeremonien an Orte rund um Rio begibt, zu den Elendsquartieren. Dies alarmiert brasilianische Behörden wie Studioleitung gleichermaßen: erwartet wird von Welles unterhaltsame Folklore, keine Sozialstudie oder womöglich – wie es sich allmählich abzuzeichnen scheint – ein aufrüttelndes Plädoyer gegen jegliche Form von Rassismus.[61] Präsident Vargas läßt Welles durch seine Geheimpolizei auf Schritt und Tritt überwachen. Beunruhigter noch zeigt sich die RKO-Leitung – denn trotz Verlustgarantien seitens der US-Regierung will man im perfekt planenden Hollywood wissen, woran genau Welles eigentlich arbeitet. Welles filmt nämlich ohne Drehbuch, denn Zeit zur Vorbereitung gab es nicht; ohnehin möchte er vor Ort Erfahrungen sammeln und den Verlauf der Filmhandlungen von Anregungen der brasilianischen Laiendarsteller sowie von tatsächlichen Geschehnissen bestimmen lassen. Unter eben diesen Voraussetzungen eilt Welles von Rio zur nächsten Szenerie nach Fortaleza, um die Episode *Four Men on a Raft* zu beginnen. Zwischenzeitlich betätigt er sich im Hörfunk als Botschafter der panamerikanischen Sache.

Robert Wise folgt nicht seinem umtriebigen Meister nach Rio, sondern ist nunmehr als Regisseur damit beauftragt, Szenen zu den *Ambersons* neu zu inszenieren – wie nach ihm noch zwei weitere Kollegen. Der Tag, an dem die Aufnahmen zu den *Ambersons* von fremder Hand beendet werden, soll für Welles zu einem Schicksalsdatum werden: am 19. Mai 1942 ist er dabei, die triumphale Ankunft der Jangadeiros in Rio

57

Jangadeiro-Szene aus «It's All True»

nachzustellen, als ein schreckliches Unglück passiert – Jacaré, der Held des Volkes wie des Films, wird durch eine Flutwelle vom Floß gerissen, und ein Hai zieht ihn mit sich in die Tiefe.

In eben jenen Haifischgefilden habe RKO später fast alle Filmrollen von *It's All True* versenken lassen – so ein Gerücht, das sich über vierzig Jahre halten wird.

Am 15. Mai 1942 telegrafiert das Studio an Welles: «Film und Geld gestoppt.» *Von diesem Angriff*, so Welles verbittert, *habe ich mich nie erholt.*[62] Über Jahrzehnte wird er alle Mühe aufwenden, das erhaltengebliebene Material zurückzukaufen, um sein Brasilien-Projekt abschließen zu können – ohne Erfolg. *Jahre meines Lebens habe ich daran verschwendet. Seither plagt mich ein zwanghaftes Verlangen, alles zu versuchen, meine Filme zu beenden.*[63]

Wenige Wochen hat Welles noch zu leben, als Richard Wilson, sein Mitarbeiter am Brasilien-Projekt, 1985 in der RKO-Erbmasse einen verschollen geglaubten Schatz entdeckt: 314 Büchsen Filmmaterial zu *It's All True*, darunter zwei Drittel der ungeschnittenen, teilweise noch gar nicht entwickelten Aufnahmen zur Jangadeiro-Episode. Eine postume Genugtuung soll Welles erfahren, als das Fragment *Four Men on a Raft* zusammen mit Szenen aus anderen Episoden zu *It's All True* doch noch einen Weg ins Kino findet, in Wilsons 1993 uraufgeführtem Dokumentarfilm «It's All True». Manche Sequenzen des Fragments erinnern an den stilisierten Realismus Sergej Eisensteins (insbesondere an «Que Viva Mexico», dem ein ähnliches Schicksal widerfuhr wie *It's All True*), andere wiederum an den einfachen wie wirkungsvollen Dokumentarismus des Kinos der Neuen Welle in den sechziger Jahren. Allemal lassen die mit fünfzigjähriger Verspätung zu besichtigenden Filmteile die kompromißlose Bereitschaft Orson Welles' erkennen, an der Wirklichkeit orientierte, mit unaufwendiger Technik handhabbare Erzählweisen auszuprobieren. Eine solche – meist neorealistisch genannte – Erneuerung der Kinematographie wird sich in Europa vollziehen, keinesfalls aber in den künstlichen Kulissen von Hollywoods Studiosystem.

Reisen ins Ungewisse

Als wollten sie in einer Art Haßliebe miteinander verbunden bleiben, erlaubt das Studio seinem entlassenen Regisseur, mit fünf Assistenten und einer kleinen Handkamera die Jangadeiro-Episode zu beenden und anschließend an der Montage zu *Journey into Fear* zu arbeiten und sogar einen neuen Schluß zu drehen – ohne Bezahlung freilich. Als RKO *Journey into Fear* im Februar 1943 herausbringt, fehlen jedoch von Welles' Fassung Szenen in der Länge von 22 Minuten. Ohne diese willkürlichen Schnitte, die – so Welles – vergeblich darauf zielen, Amblers Anti-Action-Sujet in ein vordergründiges B-Picture zu verwandeln[64], wäre *Journey into Fear* vielleicht ein passabler Thriller geworden; der verbliebene Rest jedenfalls ist – gemessen am zeitgenössischen Standard – erstaunlich schwach, in konzeptioneller wie handwerklicher Hinsicht.

Der Film schildert die Flucht eines amerikanischen Waffenexperten in den Wirren des aktuellen Krieges. Doch wer genau und mit welcher Absicht den US-Bürger von einem sich neutral gebenden Istanbul übers Schwarze Meer bis zu Stalins Batumi verfolgt, bleibt weitgehend im dunkeln. Die rätselhaft-abgründigen Seiten des Abenteuerspiels sind indes weniger dem Kalkül – wie im späteren Film *The Lady from Shanghai* – als den Schwächen der Dramaturgie zuzuschreiben.

«Journey into Fear», 1943: Everett Sloane, Dolores Del Rio und Joseph Cotten schauen einem Magier zu, dessen Nummer tödlich enden wird.

Auf einer Irrfahrt in politisch-moralischem Grenzland gerät dem gutgläubigen Reisenden Graham der Boden unter den Füßen ins Wanken – wie manchen der Helden in Welles' Universum. Koautor und Hauptdarsteller Joseph Cotten gelingt es jedoch nicht, der Figur des Graham das nötige Maß an Glaubwürdigkeit zu verschaffen.

Die von Welles verkörperten Personen erscheinen stets um so schillernder, je farbloser der jeweilige Widerpart wirkt. Joseph Cotten gelangt in der ihm von Welles zugewiesenen Standardrolle des vernünftigen, etwas langweiligen Durchschnittsbürgers immerhin zu Weltruhm; in *Citizen Kane* und «The Third Man» ergänzen sich die engen Freunde Welles und Cotten in idealer Weise – braver Typ der eine, rätselhafter Charakter der andere. In *Journey into Fear* aber bleibt dieser Typ – neben einem Welles in einer eher unbedeutenden Rolle – im Grunde allein; und sich in einen Charakter zu verwandeln, das wird ihm verwehrt. So bewegt sich ein steifer, allzu naiver Held von Station zu Station ohne rechte Spannung und stolpert meist nachts und bei Regen in Räume, die wohl den Eindruck des Labyrinthischen erwecken sollen, jedoch bloß schlecht ausgeleuchtet wirken. In den besten Momenten des Films spürt man das Bemühen, den Zuschauer hineinzuziehen in eine verunsichernde Atmosphäre des Alptraums, um ihn daraus in nächster Sekunde augenzwinkernd zu befreien. Allein in der Komik mancher Situationen und Repliken erinnert der Film an gelungene Exemplare dieses Genres in jener Zeit wie Hitchcocks «The Lady Vanishes».

Die außergewöhnlichen schauspielerischen Leistungen der Mercury-Truppe dokumentiert *Journey into Fear* allemal – in deren Abschiedsvorstellung bei RKO, ihrem dritten finanziellen Fehlschlag als Filmensemble in Folge. Nach der von RKO gegen Welles angezettelten *gnadenlosen Kampagne,* die *diesem heillosen Verschwender*[65] Unfähigkeit nachweisen sollte in allem, was er anfaßt, durfte dieser Film im übrigen sowenig ein Erfolg werden wie die *Ambersons.* Und so vermarktet das Studio die eigenen Produkte folgerichtig unter einem neuen Slogan: «Showmanship in place of genius»![66]

Wie RKO distanziert sich auch Dolores Del Rio (sie spielt in *Journey into Fear* eine exotische Nachtclubtänzerin) vom Mercury-Ensemble, da sie um ihre Karriere fürchtet. Einst hatte sich der elfjährige Kinogänger Orson unsterblich in die lateinamerikanische Schönheit verliebt, als er sie in einem Südseefilm auf der Leinwand bewunderte. Viele Jahre später, während er *Citizen Kane* vorbereitete, wurden seine Gefühle erwidert. Die Hochzeit von Hollywoods neuem Traumpaar Del Rio-Welles war eigentlich für Anfang 1942 geplant. Der mexikanische Leinwandstar löste die Verbindung auf – nicht jedoch wegen eines mißratenen Films, auch nicht wegen der «tausend Affären»[67] des zehn Jahre jüngeren Verlobten im Samba-Rausch von Rio, sondern wegen der Gerüchte, Welles habe eine andere Frau fürs Leben gefunden. Tatsächlich beginnt der erwachsene Frauenliebhaber erneut ein Abenteuer mit dem glänzenden Schwarzweißbildnis einer Frau: betört vom Konterfei Rita Hayworth' in einem Magazin, ist er wild entschlossen, nicht die Diva aus Mexiko, sondern die aus New York zu ehelichen, sobald es ihm gelingt, sie zu treffen. Was Dolores befürchtet, kann Rita nicht einmal ahnen – sie erfährt von Welles' Avancen aus einem Boulevardblatt, das seine Leser wissen läßt: «Orson Welles möchte Rita Hayworth kennenlernen.»[68]

Kino in Schwarzweiß und Schwarz

Böse Nazis

Nach Aufkündigung des Arbeitsvertrages seitens der RKO verwehrt Hollywood Orson Welles drei lange Jahre die Rückkehr auf den Stuhl des Regisseurs – ein vielbeschäftigter Mann bleibt er dennoch, sogar in Hollywood. Ein sensationeller Erfolg ist ihm dort im August 1943 vergönnt, allerdings vor den Toren der Studios: in einem Zirkuszelt feiern 2000 Zuschauer – Wehrpflichtige zumeist bei freiem Eintritt – Welles' professionelles Talent als Varietékünstler. Als Höhepunkt seiner 150 Minuten dauernden *Mercury Wonder Show* wird der Moment angekündigt, in dem der Magier Welles das Idol seines Soldatenpublikums zersägen werde: Rita Hayworth. Nur probehalber darf er dies tun, denn Ritas Filmproduzent Harry Cohn droht mit rechtlichen Schritten, falls Welles die dreiste Zweckentfremdung seiner Entdeckung wagen sollte. Und so muß am Premierenabend – in letzter Minute – eine andere Leinwandheldin für die Kollegin einspringen: Marlene Dietrich. Cohn, der eher aus Eifersucht denn aus Besorgnis jeden Schritt seines Lieblingsstars zu verfolgen pflegte, hat dennoch das Nachsehen: Orson Welles war es durchaus gelungen, Rita Hayworth zu treffen, und überraschenderweise nimmt sie sein Angebot an – am 7. September 1943 werden «The Beauty and the Brain»[69], wie die Presse titelt, ein Paar.

Seit Eintritt der USA in den Krieg, Ende 1941, hatte sich Welles' politisches Engagement noch verstärkt; er kämpft an der Heimatfront, zumal er vom Militärdienst zurückgestellt worden war. Er hält zahlreiche – auf Massenwirksamkeit bedachte – Reden gegen Rassismus und Faschismus, unternimmt Vortragsreisen zum Thema *Die Natur des Feindes* und schreibt Leitartikel zur Verteidigung liberaler Grundwerte. Ab September 1944 beteiligt er sich an der Kampagne zur Wiederwahl Präsident Roosevelts, vertritt ihn gelegentlich sogar in Streitgesprächen mit dessen Herausforderer Thomas Dewey. Später denkt er ernsthaft daran, für den Senat und anschließend für das Präsidentenamt zu kandidieren. Er befürchtet jedoch, seinen Gegenkandidaten nicht schlagen zu können; es ist Joseph McCarthy, der spätere «Hexenjäger». Welles wird es im nachhinein bedauern, sich diesem fanatischen Politiker nicht mutiger in den Weg gestellt zu haben.

Ab April 1945 moderiert Orson Welles landesweit übertragene Gesprächsrunden mit Teilnehmern des Gründungskongresses der Vereinten Nationen; sein eigener Name gar ist in der Liste der Kandidaten zum ersten UN-Generalsekretär zu finden. Für den Politiker Welles wird das Radio zum wichtigsten Medium seiner Botschaften, und dies bleibt es bis zum Sommer 1945 auch für den Künstler. Er wird Gaststar vieler Hörfunkshows, und er produziert und inszeniert weiterhin seine eigenen Reihen für CBS: *Hello Americans*, *Orson Welles Almanac* und *This Is My Best*.

Orson Welles Almanac – diesen Titel trägt auch die Kolumne, die ab Januar 1945 täglich in der «New York Post» erscheint. *Gewiß, ich liebe die Bühne und die Leinwand*, wird er in dem Blatt zitiert, *doch das, was heute in der Welt passiert, ist weit wichtiger als das Theater.*[70] Im Hinblick auf die Bühne möchte man ihm wohl Glauben schenken – würde jedoch auch der Cineast dem Journalisten den Vortritt gelassen haben?

Orson Welles als Edward Rochester und Joan Fontaine als Jane Eyre (mit Margaret O'Brien) in Robert Stevensons «Jane Eyre», 1943

Vermutlich hat ihn das Angebot, wieder einen eigenen Film drehen zu dürfen, selbst überrascht. Im Juni bereits – kurz vor Ende des Krieges – legt der Kolumnist die Feder vorläufig beiseite, um seiner eigentlichen Passion nachgehen zu können.

Hollywood entdeckt, daß ein charismatischer Schauspieler Welles mehr vermag, als bloß die Verluste des genial-chaotischen Regisseurs auszugleichen. Das Melodrama «Jane Eyre» nach Charlotte Brontës Vorlage, in dem Welles eine Hauptrolle spielt, erweist sich als großer Kassenerfolg. Es ist die Gunst des Kinopublikums, die dem Darsteller Welles ermöglicht, auf den Regiestuhl eines Filmstudios zurückzukehren. Die Produzenten Sam Spiegel und Bill Goetz planen einen Film über einen hochrangigen Nazi, dem es gelingt, in den USA unterzutauchen. John Huston soll diesen Kinobeitrag zum Entnazifizierungsprogramm der Vereinigten Staaten inszenieren, Welles ist vorgesehen für die Rolle des Naziverbrechers. Spiegel und Goetz sind von der Zugkraft dieses Schauspielers durchaus überzeugt, weniger von der des Regisseurs. Eher aus Verlegenheit (Huston wird zum Armeedienst eingezogen) übertragen sie Welles die Regie – unter der Auflage freilich, daß ein detaillierter Produktionsplan strengstens eingehalten werde; das Drehbuch dürfe nicht mehr verändert werden, und Welles habe mit den Schauspielern des Studios zu arbeiten, also ohne sein vertrautes Mercury-Ensemble. Er willigt ein. Im September 1945 beginnen die auf 35 Tage festgelegten Dreharbeiten zu *The Stranger*, ab Mai 1946 wird der Film in den Kinos gezeigt: alles läuft genau wie geplant.

The Stranger gestaltet die Thematik der virulenten Gefahr, die von einem nur militärisch besiegten Deutschland auszugehen vermag, in Form eines Thrillers. Der Faschist Kindler flüchtet in die Idylle einer Kleinstadt Connecticuts, in der die Zeit stehengeblieben scheint. Als Geschichtslehrer Rankin sowie Ehemann der Tochter eines Bundesrichters erweckt er den Anschein eines Biedermanns – tatsächlich hofft er auf baldige Fortsetzung des Krieges. Inspektor Wilson – gespielt von Edward G. Robinson – weiß um das Wesen dieses Menschen, er wird ihn jagen und zur Strecke bringen, denn «diese Bestie muß vernichtet werden!»[71]

Die Produzenten sind recht angetan von Welles' Bemühungen als Regisseur, widerlegen diese im Ergebnis doch die Behauptungen ihrer Kollegen, Welles sei zu allem fähig, nur nicht zu disziplinierter Arbeit. Ganz und gar unzufrieden jedoch ist Welles selbst. Er wird seinen Vertrag erfüllen, verliert dennoch jegliches Interesse am Film, als er erkennt, daß ihm diese Auftragsarbeit keinerlei schöpferische Freiheit läßt. Ein übriges leistet ein von Spiegel beauftragter Cutter, der den Film in der Endmontage so weit wie möglich von seinen sozialpolitischen Elementen zu befreien hat.[72]

64

Die Stunde der Racheengel: Welles als vorgeblicher Biedermann
in «The Stranger», 1946

«The Stranger» ist von allen meinen Filmen derjenige, dessen Autor ich am wenigsten bin.[73] Welles eigenes Urteil über sein Werk muß nicht in Zweifel gezogen werden. Der Film enthält dennoch sehenswerte Passagen; in atmosphärisch dichten Szenen kündigt sich die Meisterschaft späterer Kriminalfilme an. Zudem überzeugt der eine oder an-

dere filmische Versuch, erklärende Worte durch einfache Erkennungs-
symbole zu ersetzen, zum Beispiel Schnee als Indikator schwerer
Schuld («Begehe ein Verbrechen, und die Erde wird zu Glas…»[74]) oder
Verweise auf eine seit Jahren defekte Kirchturmuhr, die ausgerechnet
vom Störenfried Kindler/Rankin repariert wird. Dessen finale Bestrafung durch den Racheengel im Figurenensemble der Turmuhr wird zu
einem Kabinettstück klassischer Kriminalfilmallegorie ähnlich der
«Hinrichtung» des Nazis auf der Freiheitsstatue in Hitchcocks «Sabo-
teur».

Gewürdigt wird der Film heute zumeist als gelungener Beitrag zu
Hollywoods Schwarzer Serie.[75] Eine dieses Genre kennzeichnende Dif-
ferenziertheit der Charakterzeichnung bleibt jedoch in *The Stranger*
die Ausnahme, denn zur Regel wird in diesem Welles-Film die bloße
Typisierung der Personen: Haupt- und Nebenfiguren sind und bleiben
gut oder böse; schwanken sie in ihren Gefühlen und Haltungen, so nur,
weil sie täuschen wollen – wie Kindler – oder getäuscht werden – wie
dessen Frau. Welles' Porträtierung der Provinzstädter verleiht der lehr-
filmhaften Schilderung amerikanischer Selbstheilung immerhin einen
leicht ironischen Unterton, denn gelegentlich begegnen uns die braven
Bürger wie eine Ansammlung von Hilfssheriffs. Billy House als beque-
mer Drugstore-Inhaber spielt den Repräsentanten dieser verschlafen-
liberalen Welt bravourös – doch den massiven Drang des Films zur
Schwarzweißmalerei vermag auch er kaum zu mildern.

Solch ein Rückgriff auf die überkommenen Muster des moralisieren-
den Kriminalfilms wiederum ist zu verstehen vor dem Hintergrund des
amerikanischen Verständnisses der Kriegsschuld. *The Stranger* entsteht
in einer Zeit, als in den USA Faschismus weniger als sozial- und wirt-
schaftspolitische Erscheinung gesehen wird denn als Verschwörung
einer zu außergewöhnlicher Grausamkeit befähigten Gruppe von Unmenschen. Jeder einzelne soll für die im Namen der Gruppe begange-
nen Verbrechen zur Verantwortung gezogen werden, alle Deutschen
sollen daher bestraft und/oder umerzogen werden. Der Film führt zwei
Arten des Deutschen vor: den unbelehrbaren und den umerzogenen,
christlich geläuterten Nazi. Daß auch dieser Opfer des «Fremden»
wird, verdeutlicht die Notwendigkeit harter Bestrafung des ewig
Bösen. Man müsse ein Volk «total ausrotten»[76]: es ist nicht diese For-
derung des «Historikers» Rankin, die ihn als hartgesottenen Faschisten
entlarvt, im Gegenteil, da er die Vernichtung aller Deutschen meint,
bezeugt sie für den Nazifahnder Wilson die Gesinnung eines guten
Amerikaners, und ihm erscheint Rankin daher zunächst über jeden
Verdacht erhaben – hätte dieser nicht angemerkt, Marx sei kein Deut-
scher, sondern Jude.

Mit Beginn des Kalten Krieges lassen die USA ihre Kollektivschuldthese fallen[77], aus deutschen Feinden werden bald Verbündete; an der Sicht des Faschismus als einer Frage der Moral halten sie dennoch fest, sie erleichtert ihnen die Positionsbestimmung im Streit der Gelehrten, ob der Faschismus mit dem Kommunismus oder dem Kapitalismus wesensverwandt sei.

Die systematische Zerstörung der Demokratie in Deutschland hatte den Produzenten des Films, Sam Spiegel, seinen Autor Victor Trivas und seinen Komponisten Bronislaw Kaper einst gezwungen, ihre Arbeit für die UfA in Berlin aufzugeben und in die USA zu emigrieren; am eigenen Leibe hatten sie erfahren müssen, daß der Faschismus sehr wohl bösartiges Verhalten vieler einzelner beförderte. Die systemgewordene Unmenschlichkeit wiederum glaubhaft zu personalisieren – war für eine solche Aufgabe nicht jemand geradezu prädestiniert, der als Regisseur und Schauspieler danach strebt, das Böse in seinen individuellen und sozialen Dimensionen auszuloten? Gerade Welles' Gestaltung des Bösen kann jedoch in diesem Fall nie die Grenzen des Klischees verlassen, denn die von ihm gespielte Figur ist so angelegt, daß sie nicht verehrt oder geliebt werden darf wegen ihrer womöglich menschlichen Züge, sondern allein aufgrund ihrer gefährlichen Fähigkeit zur Manipulation. Zu einer tragischen Gestalt zu werden bleibt Kindler strikt verwehrt; die Fallhöhe, die dem Antihelden endlich zugestanden wird, erscheint daher nicht angemessen.

Häufig noch wird Welles zwiespältige Lumpen spielen, die unser Mitgefühl provozieren. Kindler aber war nicht irgendein Lump, irgendein Scherge der Nazis und auch kein Göring, dem Welles noch zubilligt, *aus menschlichem Holz* gewesen zu sein[78], Kindler war derjenige – und das mag die dramaturgischen Zwänge dieses Propagandazwecken dienenden Kriminalfilms erklären –, der den Rassismus in der Extremform vertrat, denn er habe, so Wilson, «die Theorie vom Völkermord»[79] erfunden.

Böse Frauen

The Stranger wird Orson Welles' kommerziell einträglichster Film. Ohne diesen Erfolg an der Kinokasse, ohne die Referenzen eines Produzenten Spiegel und ohne die Fürsprache eines der bedeutendsten Leinwandstars von Hollywood hätte er in den Hallen dieses Imperiums als Regisseur wohl kaum mehr Arbeit gefunden – schon gar nicht in einem so renommierten Studio wie dem der Columbia. Die unangefochtene Königin unter den Columbia-Stars dieser Zeit ist Rita Hayworth. In Revuefilmen der frühen vierziger Jahre ertanzt sie sich an der Seite

Rita Hayworth und Orson Welles auf einem Standfoto zu «The Lady from Shanghai», 1946. Im Film selbst allerdings ist die Szene anders zu sehen: dort sind die Schultern der Lady züchtig bedeckt...

Fred Astaires ihren Ruhm als Idealbild der amerikanischen Frau, als Love Goddess.

Die Ehe zwischen dem Glamourstar und dem Originalgenie gilt als schwierig – entsprechend häufig und gern berichten die Medien darüber. Die publicityträchtige Verbindung mit Rita Hayworth trägt aber wesentlich dazu bei, daß Orson Welles einen Vertrag mit einem Studio schließen kann, der ihm – anscheinend gegen alle unternehmerische Vernunft – ein zweites Mal weitgehende künstlerische Freiheiten zur Gestaltung eines Films zusichert.

Ursprünglich soll Welles ein B-Picture drehen. Er hatte Columbia-Chef Harry Cohn gebeten, ihm Geld zu leihen, um die Premiere seines aufwendigen Broadway-Musicals *Around the World* zu sichern, und bietet ihm dafür an, Prosper Mérimées «Carmen» zu verfilmen. Cohn lehnte dieses Projekt ab, und so schlägt Welles nunmehr vor, einen sehr billigen Film zu inszenieren, und zwar nach einem Kriminalroman Sherwood Kings, ein Buch, das Welles nicht kennt, dessen Titel er aber zufällig liest, als er mit Cohn telefoniert. Cohn rettet das höchst gefährdete Theaterunternehmen und stockt später den Etat für den geplanten Film um ein Vielfaches auf, als sein Star Hayworth ihn drängt, sie im Werk ihres Mannes mitwirken zu lassen. So erhält sie schließlich die Hauptrolle in einem Kriminalfilm, der es sich zur Aufgabe macht, Mythen aller Art zu zerstören: den Mythos von Geld und Erfolg, von Liebe und Ehe, von moralischer Integrität und Rechtsstaatlichkeit – und nicht zuletzt den Mythos der amerikanischen Frau und einer ihrer vornehmsten Repräsentantinnen in der Traumfabrik, eben den der Liebesgöttin Rita Hayworth.

Im Unterschied zu *The Stranger* wird *The Lady from Shanghai* ein Musterbeispiel für das Kino der Schwarzen Serie: in seinem fünften Film treibt Welles ein desillusionierendes Verwirrspiel um Schein und Sein, um den schmerzlichen Verlust selbstverständlich gewordener Gewißheiten.

Welles' *Etüde in Erotik und Exotik*[80] erzählt die abenteuerliche Geschichte des gutgläubigen Matrosen O'Hara. Im New Yorker Central Park begegnet er der geheimnisvoll-attraktiven Elsa Bannister; er beschützt sie vor einer Diebesbande, wie er glaubt, und sie dankt ihm, indem sie dafür sorgt, daß er auf der Luxusyacht ihres Mannes anheuern kann. Nichtsahnend läßt sich der Seemann als Werkzeug benutzen in einem Komplott aus Mord und Machtgelüsten. Besonders schmerzlich ist für ihn die Erfahrung, Opfer der Intrige einer Frau zu sein, die er zu lieben meinte.

Rita Hayworth spielt Elsa Bannister, eine souverän erscheinende Frau, die vorgibt zu lieben, um ihre kriminelle Energie entfalten und

Das Ehepaar: Orson Welles und Rita Hayworth mit ihrer Tochter
Rebecca (links) und Welles' Tochter Christopher, 1946

zugleich bemänteln zu können. Somit verletzt sie ihr Opfer, den von
Welles verkörperten verunsicherten Mann, auf zweierlei Art und muß
daher boshafter noch erscheinen als ihr krimineller Ehemann, der Staranwalt Bannister. Es ist diese unheilvolle Verknüpfung von Liebe und
Verbrechen, die das Bild vieler Antiheldinnen der Schwarzen Serie
prägt – gelegentlich so perfide übersteigert, daß der Vorwurf einer
genretypischen Frauenfeindlichkeit nur allzu berechtigt erscheint.

Mit der Porträtierung seiner Lady von Shanghai bemüht sich Welles,
das öffentliche Bild seiner Frau zu verändern: er beraubt sie ihres Erkennungszeichens, der wallenden tizianroten Haarpracht, und setzt
sie konsequent gegen die Rollenerwartung des Publikums ein. Solche
Erwartungen an seinen Hausstar hatte Cohn bereits im Jahr zuvor auf
die Probe gestellt, indem er der Hayworth in der Rolle der Sängerin
Gilda in King Vidors gleichnamigem Film erlaubte, sich kurzzeitig von
der eher unschuldigen Liebesgöttin zur Femme fatale zu wandeln.
Während Gilda singt «Put the Blame on Mame, Boys», läßt sie ihr langes Haar auf die nackten Schultern fallen und beginnt, ihre schwarzen
Samthandschuhe abzustreifen. Es ist dieses unter strengen Zensurbestimmungen mit höchstem Raffinement betriebene Spiel des Andeu-

tens, das ein Massenpublikum in einen neuartigen erotischen Bann zu schlagen vermag. Cohns Wagnis, das «Love Goddess»-Image der Hayworth vorsichtig zu modifizieren, hatte sich gelohnt, verschaffte es dem Leinwandidol doch zusätzliche, leicht anrüchige Anziehungskraft. Auch Welles spielt mit solchen Mitteln kinematographischer Verführung. Rita als Lady an Bord der «Circe» hat durchaus den Zuschauer zu betören – um so größer allerdings soll dessen Ernüchterung sein, wenn Welles ihn – wie seinen naiven Helden – aus der Verzauberung entläßt. Verpaßte ein eifersüchtiger Glenn Ford einer verrucht spielenden Gilda eine Ohrfeige und rettete das Melodrama damit ins Happy-End, so besteht Welles auf der Zerstörung eines idealisierten Frauenbildes; vom vermeintlichen Facettenreichtum der Heldin bleibt schließlich nicht mehr als ein Scherbenhaufen. Im Verlauf einer furios inszenierten und (wie so oft bei Welles) höchst symbolträchtigen Schlußsequenz in einem Spiegelkabinett von Chinatowns Vergnügungspark stirbt sie ohne jegliches Mitleid des Matrosen, der sich zum Narren hat machen lassen. Im Unterschied zum gerichteten Nazi Kindler jedoch kann sich die sterbende Elsa widerstreitender Gefühle des Zuschauers gewiß sein. Welles gestaltet seine weibliche Figur nicht allein aus Haß, er verachtet wohl ihr intrigantes Wesen, ohne sie aber als «männerfressendes Insekt»[81] zu verzerren, denn eine gewisse Sympathie des Regisseurs für den gefallenen Engel ist unverkennbar – mag dieser Engel Elsa heißen oder Rita.

Der Film *The Lady from Shanghai* dokumentiert recht eindrucksvoll die gelungene künstlerische Zusammenarbeit von Orson Welles und Rita Hayworth, aber auch die Entfremdung des ungleichen Paares. «Er geht seinen Weg, und ich gehe mit ihm»[82], hatte Rita Hayworth nach dem ersten Ehejahr einem Reporter auf die Frage geantwortet, wie sie mit ihrem Mann fertig werde; der jedoch läßt sich gern und oft von anderen Frauen begleiten. Zahlreiche Affären, insbesondere so schlagzeilenträchtige wie die mit Judy Garland oder der jungen Marilyn Monroe, rauben einer immer verzweifelter reagierenden Rita Hayworth bald den Glauben an die von Welles stets erneut beschworene Liebesheirat. Ein halbes Jahr nach Beendigung der gemeinsamen Dreharbeiten läßt sie sich von ihm scheiden. Alle Männer, die sie kennenlernte, wird die altersweise Hayworth bekennen, «haben sich in Gilda verliebt und sind mit mir aufgewacht»[83].

Mit *The Lady from Shanghai* endet nicht nur ihre Ehe, sondern auch – wie Cohn zu Recht befürchtet hatte – ihre Karriere.

Ihrem Image-Wandel hatte sich die Hayworth im übrigen sehr bereitwillig unterzogen, sie selbst war es, die sich von der stereotypen Rolle eines Glamourstars zu befreien suchte und ihr Talent für das Charakterfach unter Beweis stellen wollte, was ihr ja durchaus gelang.

Die Deutung des Films als Welles' private Abrechnung mit einer gescheiterten Ehe ist somit weitgehend Legende.[84] Studiochef Cohn insbesondere ist es, der solcher Legendenbildung Vorschub leistet – für ihn ist die Rohfassung des Films allein Ausdruck der Feindseligkeit Welles' gegenüber seiner Frau. Mehr als neunzig Drehtage (statt der zugestandenen sechzig), viele davon unkontrollierbar zugebracht auf Errol Flynns Yacht «Zaca» irgendwo zwischen Acapulco und San Francisco, hätte der Regisseur verschwendet, um eine Geschichte zu erzählen, die – wie Cohn meint – zwar keiner verstehen, mit Gewißheit aber den guten Ruf seines Stars zerstören werde.

Ob als zynisches Porträt einer Leinwanddiva verstanden oder als das des *Poeten und Opfers*[85] Welles in einem System, das Talente und Tugenden anlockt, um sie zu vernichten – in keinem Fall wirft dieser Film ein gutes Licht auf Hollywood. Und so hält Cohn ihn ein Jahr lang unter Verschluß. Im Mai 1948 gibt er ihn endlich frei, und zwar in einer Schnittfassung und mit einem Soundtrack, die eher dem eigenen Geschmack als den ästhetischen Vorstellungen seines Regisseurs entsprechen. Doch weder Cohn noch Welles können verhindern, daß *The Lady from Shanghai* in die Geschichte des Kinos eingeht als das verblüffendste und verwirrendste Werk der Schwarzen Serie und – als bester Hayworth-Film!

Böse Schwarzmarkthändler

Der Begriff Schwarze Serie (oder Film Noir) wird gemeinhin bezogen auf jene amerikanischen Kriminalfilme der vierziger und frühen fünfziger Jahre, die die «ehrenwerte» Gesellschaft des American dream in unverwechselbarer Art porträtieren. Urbanes Dasein erscheint als Leben in einem düsteren, dichten Dschungel, in dem jeder gegen jeden kämpft (in *The Lady from Shanghai* vergleicht O'Hara seine Arbeitgeber mit Haien, die sich selbst zerfleischen). Die wenigen Naiven, die noch an Freundschaft und Fair play glauben, verlieren in verworrenen Intrigen nicht nur den Überblick (wie mit ihnen der Zuschauer), sondern auch die letzten Illusionen. Denn die Menschen sind selten das, was sie vorgeben zu sein; schöne, liebenswerte Frauen erweisen sich als eiskalt und niederträchtig, die besten Vertrauten als todbringende Feinde, die vorgeblichen Garanten von Recht und Ordnung als korrupte, machtgierige Monster. Moralisch ambivalent bleiben die menschlichen Wesen dennoch in dieser alptraumhaften Welt, die zwar als unveränderbar erscheint, in der aber nichts als nur gut oder nur schlecht gilt.

Orson Welles ist dem Film Noir «nur» durch Auftragsarbeiten verbunden – dies aber auf bemerkenswerte Weise. Wenn er die gängigen Themen und Motive des Genres behandelt wie Machtmißbrauch, Korruption, Verrat oder den Kampf reiner Toren gegen die Skrupellosen, muß er sich nicht erst einer Zeitströmung anpassen – der Schöpfer von *Citizen Kane* kann sich und seinem Vorbild Shakespeare durchaus treu bleiben. Vielleicht wirken seine Beiträge zur Schwarzen Serie gerade daher eher wie Ausnahmen von der Regel: *The Lady from Shanghai* gerät zur radikalsten Provokation des amerikanischen Frauen-Ideals innerhalb der Serie; sein 1957 inszenierter Film *Touch of Evil* markiert (mit Hustons «The Maltese Falcon», 1941) ihre äußeren Grenzen[86]; und schließlich verhilft Welles einem nichtamerikanischen Film Noir zum Weltruhm, «The Third Man» – so wie dieses Meisterwerk des englischen Kinos den Nebendarsteller Welles zum Weltstar kürt. Aufeinander bezogen sind diese drei außergewöhnlichen Kriminalfilme zudem durch eine besondere Art psychologischer Spannung, nämlich durch enge Verknüpfung zweier gegenläufiger Entwicklungslinien: Aufklärung eines schweren Verbrechens und Aufgabe einer tiefen Freundschaft. Nicht zuletzt wegen solcher Gemeinsamkeiten sind diese Werke zu Kultobjekten des Film Noir geworden – wirklich populär allerdings ist bis heute nur «The Third Man», und zum weltbekannten Leinwandstar wird Welles nicht durch irgendeinen eigenen, sondern durch diesen Film eines Kollegen.

Mit der Gestalt des Harry Lime erschafft Orson Welles eine der spektakulärsten Kunstfiguren unserer Zeit, und mit keiner Rolle wird die Persönlichkeit dieses Künstlers so unmittelbar identifiziert wie mit der des Harry Lime – bis dahin die einzige im übrigen, die Welles' Gesicht unmaskiert zeigt.

Der Film erzählt von der Suche des Schriftstellers Holly Martins nach seinem Freund Lime in dem in vier Sektoren aufgeteilten, kriegszerstörten Wien. Lime, Grenzgänger in einem durch Faschismus, Krieg und beginnenden Ost-West-Konflikt verschobenen Koordinatensystem ethischer Werte, wird «zum übelsten Schieber, den Wien je gesehen hat»[87]. Martins' Bemühen, Limes guten Ruf zu retten, wird diesem zum Verhängnis. Am Ende wird der von Cotten gespielte Martins mit seinem besten Freund brechen wie Leland mit Kane; er wird ihn sterben lassen wie O'Hara die geliebte Elsa; und wie jener kann er das Tun eines Menschenfeindes verurteilen – dem Freund das Mitleid zu verweigern vermag er indes nicht. In der affektiven Annäherung an den Antihelden geht dieser Film sogar einen Schritt weiter. Lime wird nicht nur erlöst, ihm wird vielmehr vergeben durch seine Freundin Anna: sie trennt strikt zwischen Geschäfts- und Privatleben und hält dem Geliebten die Treue über den Tod hinaus. Nach Limes Beerdigung wird sich Anna – in der berühmten Schlußeinstellung – Martins nähern, abweichend vom Drehbuch wird sie dessen Zuneigung nicht erwidern; sie geht an ihm, der den Freund verriet, achtlos vorbei.

Der Verrat einer Freundschaft ist ein Lieblingsthema von mir, es berührt mich sehr.[88] Der Film «The Third Man» gestaltet diese von Welles bevorzugte Thematik in einer Weise, die ihn erscheinen läßt als ein typisches Werk mit und von Orson Welles. Im Mittelpunkt von Handlung und Dialog steht Harry Lime – wenngleich man ihn kaum mehr als zehn Minuten auf der Leinwand erblickt. Alle Mitteilungen der Ordnungshüter sind darauf gerichtet, diesen skrupellosen Verbrecher aufs schärfste zu verurteilen. Ihre Chancen, das Gefühl für Recht und Gerechtigkeit im Zuschauer zu stärken, sind jedoch gering, denn nahezu alle Details der Kurzauftritte Limes gehorchen allein dem Zweck, eben dieses Gefühl zu untergraben – so durch die akustisch wie optisch geschickt vorbereitete erste Nahaufnahme des Totgeglaubten in der 61. Minute: zur leitmotivischen Melodie von Anton Karras Zitherspiel fällt plötzlich Licht auf eine dunkle Gestalt in einem Hauseingang, auf ein freundlich-hintergründig lächelndes kindliches Gesicht, das unsere Sympathie weckt und erhält, bis es uns am Ende, nach einer atemberaubenden Jagd durch Wiens Kloaken, leidvoll anblickt, den Gnadenschuß des Freundes erbittend.

In seiner faszinierenden Wirkung ähnlich ist Limes zweiter Auftritt – diesmal auch durch das, was er uns verbal mitteilt. Im Riesenrad über dem Prater kreisend, versucht er den Freund als Partner für seine Machenschaften zu gewinnen – Skrupel gegenüber den Opfern würden schwinden, je größer die Distanz zu ihnen und je geringer ihre Anzahl (gemessen an den Opfern der Kriege): *Sieh dir das Treiben der Herren an, die die Welt regieren, und du wirst mir zugestehen, daß ich dagegen nur ein Waisenknabe bin.*[89] (In dieser relativierenden Sicht des Tötens gleicht Lime seinem Kinovorgänger Verdoux und dessen politisch-weiser Erkenntnis: den Mördern großen Stils gebührt der Orden, den kleinen Verbrechern das Schafott; Chaplin schuf seinen anarchistischen Film «Monsieur Verdoux» 1947 unter Verwendung von Welles' Drehbuch *The Ladykiller*.)

Der Dialogtext des Harry Lime beschränkt sich auf wenige Repliken; allzu viele Worte hätten eine Philosophie in sich zerbrechen lassen, die uns doch den Charme des Bösen suggerieren soll. Mimik und Gestik insbesondere und die Physiognomie des Rollenträgers, die eingängige Musik, verkantete Kameraperspektiven und die harte Schwarzweißkontrastierung in Ruinenkulisse bilden die Elemente einer eigentümlichen Rezeptur, die dem Verbrecher eine blendende Aura verschafft. Ein Satz immerhin verhilft der das Zeitgefühl ansprechenden Weltsicht Limes zu einer Pointe, die auf den Kopf zielt: Lime vergleicht das kulturelle Niveau unter der Tyrannenherrschaft

74

Joseph Cotten als Holly Martins und Orson Welles als Harry Lime
in der Riesenrad-Szene von «The Third Man», 1949

der Borgias mit dem der friedlichen demokratischen Schweiz – dort immerhin die Renaissance, hier aber nicht mehr als die Kuckucksuhr!

Auch dieser Gag trägt zum sensationellen Erfolg eines Films bei, der von Carol Reed nach einem Szenarium Graham Greenes inszeniert wurde. In Greenes Drehbuch eingefügt wurde der gesamte Dialogtext Harry Limes aus der Feder des Künstlers, der es verstand, den Zuschauer in einem größeren Maße, als es Reed und Greene intendierten, zum Komplizen eines charmanten Verbrechers zu machen: Orson Welles drängte es als Nebendarsteller zur eigentlichen Hauptrolle und in solcher zur Personalunion mit Regisseur und Szenarist – wenn auch neben Reed und Greene und eher heimlich[90], als dritter Mann eben.

Für viele Jahre wird Orson Welles in der Öffentlichkeit zu Harry Lime – zu seinem Nutzen, aber auch zu seinem Schaden. Immer wieder sieht er sich genötigt zu versichern: *Ich liebe die Schweiz und verachte Harry Lime und mit ihm alle schrecklichen Gestalten, die ich je gespielt habe.*[91] Doch wer will solchen Bekenntnissen Glauben schenken, solange Welles *schreckliche Gestalten* so spielt, wie er sie spielt: *ich verurteile sie nicht mit meinem Herzen, nur mit meinem Geist.*[92]

75

Böse Polizisten

Fast ein Jahrzehnt vergeht, bevor Hollywood dem gefürchteten Regietalent noch einmal die Tore öffnet. Am Schauspieler Welles zeigte man sich dort immer wieder interessiert, am Regisseur lange Zeit nicht. 1956 engagiert Produzent Albert Zugsmith, «der König der B-Pictures»[93], Welles für eine Hauptrolle in Jack Arnolds Melodram «Pay the Devil». Im selben Jahr plant er einen kleinen Kriminalfilm mit kassenträchtigen Stars, nämlich Charlton Heston und Orson Welles. Heston akzeptiert das Angebot in der Annahme, Welles wäre als Darsteller u n d Regisseur verpflichtet worden. Um letztlich auf Hestons Mitwirkung nicht verzichten zu müssen, erhält Welles von Zugsmith tatsächlich den Auftrag zur Regie – seinen letzten im Studiosystem Hollywood, und ohne dafür bezahlt zu werden.

Welles' nach eigenem Drehbuch inszenierter Film *Touch of Evil* schildert die Untersuchung eines Bombenattentats in einer amerikanisch-mexikanischen Grenzstadt durch einen amerikanischen und einen mexikanischen Beamten – Polizeichef Quinlan (Welles) der eine, Rauschgiftfahnder Vargas (Heston) der andere. Entlarvt ist am Schluß der Attentäter durch Quinlan, aber auch Quinlan als selbstrichtender Polizist durch Vargas.

Touch of Evil gilt manchen Kritikern als Welles' bester, zumindest als komplexester Film nach *Citizen Kane*, «mit der vielleicht besten Einstellung, die jemals gedreht wurde»[94]. Gemeint ist die Eingangsszene: auf dem Weg von einer Seite der Grenze zur anderen verfolgt eine überaus bewegliche Weitwinkelkamera mit großer Brennweite das amerikanisch-mexikanische Heldenpaar, Vargas und seine Ehefrau, das immer wieder einem Auto begegnet, in dem soeben eine Zeitzünderbombe deponiert worden war. Statt üblicher Parallelmontage vereinigt Welles diese suspense-schaffenden Bewegungen in einer einzigen Plansequenz, alle zentralen Motive eines Dramas der Grenzüberschreitungen scheinbar spielerisch zu einer grandiosen Metapher fügend. Die stilistisch-inszenatorischen Methoden dieses Prologs, sein vorwärtsdrängendes Tempo insbesondere, sind typisch für den gesamten Film. Ob in Räumen oder auf den Straßen und Brücken eines Provinznestes: die Figuren, etliche – wie Welles selbst – in finsterer Gestalt, bewegen sich meist im Halbdunkeln und werfen unheilvolle Schatten. Dekor, Beleuchtung, Maske, Musik, Kamera, Schnitt – jedes Mittel wird intensiv genutzt, um permanent eine Stimmung der Rechtsunsicherheit, von massiver Bedrohung gar zu erzeugen. Am Zustand dieser Stadt, ihrem allgegenwärtigen Müll, ihren dunklen Wasserlachen und gespenstischen Bohrtürmen offenbart sich die Seelenlage der Bewohner deutlicher als in deren Handlungsweisen – in dieser Hin-

Orson Welles und Charlton Heston während der Dreharbeiten zu «Touch of Evil», 1957

sicht steht *Touch of Evil* den Schattenspielen von «The Third Man» näher als der eher sonnenbeschienenen Kreuzfahrt ins Intrigenreich der *Lady from Shanghai*.

Wesenszüge des Ehepaares Bannister wie Harry Limes vereinigen sich im gehbehinderten Polizisten Quinlan. Wegen seiner angeblich erfolgreichen intuitiven Art, Verbrechen aufzuklären, wird er von vielen gefürchtet, von manchen geachtet, aber wohl auch geliebt von seinem Assistenten Pete Manzies. Wie Martins und O'Hara wird Manzies sich im Showdown befreien vom Objekt der Faszination. Er wird den Männerfreund erschießen, nachdem er erkennen muß, daß sein *Abgott* (*ich bin, was ich bin, durch ihn*[95]) selbst ein Verbrecher ist. Nie verwunden hatte Quinlan den gewaltsamen Tod seiner Frau, noch weniger die Tatsache, daß er ihren Mörder nicht fassen konnte. Seither ist ihm jedes Mittel recht in seinem Rachefeldzug gegen alle *Mörder, die frei rumlaufen*[96] – von der Beweisfälschung bis hin zum Mord. In diesem System des Machtmißbrauchs wird Manzies wie eine Schachfigur benutzt; anders als O'Hara überlebt er seine späte Einsicht nicht, denn der Schußwechsel mit Quinlan wird auch ihn tödlich verletzen. Doch im Unterschied zur *Lady from Shanghai* trifft der Antiheld diesmal nicht allein auf einen eher naiven Gegenspieler. Eigentlich zu Fall gebracht

77

wird Quinlan nicht von Manzies, sondern von Vargas, einem integer erscheinenden Helden. Vargas müht sich wie Major Calloway in «The Third Man», dem Gesetz Geltung zu verschaffen, er belehrt Quinlan – und das Publikum – über die Pflichten der Polizei in einem Rechtsstaat. Seine Lektionen sind gewiß nötig, doch Vargas verfolgt seine hehren Ziele zeitweise mit einem unangenehm berührenden Fanatismus – als Polizist; als Ehemann in Rage bedient er sich zudem der Methoden seines Widersachers. Welles relativiert also den Redlichkeitsanspruch seiner positiven Figur. Deren Grundhaltung entspricht seinem eigenen liberalen Politikverständnis und erscheint ihm wert, aktiv verteidigt zu werden; doch Welles wäre nicht er selbst, würde er sich für einen siegreichen Helden mehr interessieren als für einen Antihelden von antiken Ausmaßen. Wenn Quinlan verendet wie Lime im Schmutzwasser, dann soll auch unsere Bewunderung für diesen *byronschen Abenteurer*[97] größer sein als die für den Recht-Haber aus Mexiko.

Träfe Truffauts Deutung zu, der Film wolle zeigen, daß «Schnüffler und Mittelmäßigkeit über absolute Gerechtigkeit gesiegt haben»[98], dann hätte Welles jedoch keinen schwarzen, sondern einen faschistoiden Film gedreht. Nein, Quinlan ist kein Mensch, der «der Justiz zum Sieg»[99] verhilft. Welles zeigt ihn durchaus als den, der er ist: *Quinlan wünscht weniger, die Schuldigen der Gerechtigkeit zu übergeben, als sie im Namen des Gesetzes zu ermorden [...], und das ist ein faschistisches Argument. [...] Quinlan ist für mich die Inkarnation all dessen, wogegen ich kämpfe.*[100] Daß Welles ihn dennoch verklärt, wird zumindest diejenigen nicht mehr überraschen können, die Orson Welles als Harry Lime erlebten. Jene von ihm vorgenommene Trennung zwischen Herz und Geist in bezug auf seine *schrecklichen Menschen* muß zwangsläufig dazu führen, daß seine «moralischen Aussagen weniger überzeugen als die Wirklichkeit seiner Gestalten»[101].

In *Touch of Evil* spielt das Gegen- und Miteinander der Nationalitäten eine bedeutende Rolle. Offener und latenter Rassismus bestimmen in diesem Melodrama der moralischen Grenzgänge die Verhaltensweisen der Haupt- wie Nebenfiguren. Quinlan fühlt sich zu der von Marlene Dietrich gespielten Zigeunerin Tanja hingezogen; sein Rassenhaß (der Mörder seiner Frau war Mexikaner) ist dennoch offenkundig. Der berufliche Übereifer des Mexikaners Vargas wiederum scheint nicht zuletzt geschürt worden zu sein durch Erwartungen seiner soeben angetrauten nordamerikanischen Frau: er, Miguel – von ihr «Mike» genannt –, muß ihr beweisen, daß nicht alle Landsleute «Panchos» sind. Rassismus dient jedoch nicht allein der Motivation von Handlungen, sondern auch der Profilierung der Figuren und – damit eng verbunden – der spannungserzeugenden Wirkung auf den Zuschauer. Solche dramaturgischen Implikationen werden besonders deutlich im Vergleich

Welles als korrupter Polizist Quinlan und Marlene Dietrich als Zigeunerin Tanja

zweier Schlüsselszenen: in der ersten dieser Szenen drangsalieren dunkle Mitglieder der mexikanischen Grandi-Bande die blonde Susan Vargas, um ihr ein rauschgiftähnliches Mittel zu injizieren; in der anderen Szene trachtet Quinlan dem «schmierigen» Bandenchef Grandi nach dem Leben. Als bedrohlich wirkend wurde tatsächlich nur die erstgenannte Szene inszeniert, nämlich in der Weise, daß sich der Zuschauer mit dem Opfer identifizieren muß.

Welles scheint die Erwartungen der nordamerikanischen Betrachter eines Kriminalfilms herausfordern zu wollen, zeitweise spielt er souverän mit ihren Vorurteilen. Doch so, als würde er die Geister, die er rief, nicht mehr los, verselbständigen sich die Elemente seiner Spannungsdramaturgie unversehens. Vielleicht nimmt er sie nicht ernst genug in seinem Eifer, das Licht des eigentlichen Helden verblassen zu lassen, damit noch der Abglanz eines Charakters, den er liebt, *weil er ein Herz hat*[102], an Leuchtkraft gewinnt. Als Publizist und Künstler hatte sich Welles in den zurückliegenden Jahren gegen Diskriminierung in jeglicher Form engagiert – war er nunmehr in Hollywood gezwungen, gegen seine Überzeugungen zu handeln, wenn er dort wieder als Regisseur arbeiten wollte? Diese Frage ließe sich wohl nur beantworten, gäbe es eine Version von *Touch of Evil*, die Welles vollständig selbst inszeniert und montiert hätte. Die Leitung von Universal, zunächst mit Welles' Arbeit überaus zufrieden, möchte ihn als Regisseur für weitere Filme verpflichten. Als ihr jedoch der Rohschnitt von *Touch of Evil* vorgeführt wird, sei sie, so Welles, *zutiefst schockiert [...] über diesen allzu schwarzen* Film gewesen, und setzt Welles unvermittelt vor die Tür; *ein schrecklich traumatisches Erlebnis, weil wir uns doch so einig gewesen waren*[103].

Erneut läßt also ein Studio einzelne Szenen nachinszenieren, in Welles' Montagefassung einfügen, wie es andere herausnimmt nach eigenem Gutdünken.

Die Hintergründe dieses skandalösen Vorgangs sind kompliziert und widerspruchsvoll. Seit den Gründertagen der Traumfabrik haben deren Repräsentanten stets verkündet, allein der Unterhaltung dienen zu wollen, nicht der Politik. Ein apolitischer Raum war Hollywood indes niemals: David W. Griffith' berühmtes Epos «The Birth of a Nation» (1915), ein offen rassistisches Pamphlet, hatte hier einst ungehindert gedreht werden dürfen; emanzipatorische Gegenentwürfe jedoch wie Herbert Bibermans «Salt of the Earth» (1953), ein semidokumentarischer Film über den Streik hispano-amerikanischer Bergarbeiter für rechtliche und soziale Gleichstellung, können nur a u ß e r h a l b der kalifornischen Studios entstehen – und selbst dort nur gegen zahlreiche Widerstände. Ähnlich wie im Falle von *Citizen Kane* sorgt ein landesweiter Boykott der Kinoketten dafür, daß «Salt of the Earth», eines der erfolgverprechendsten Leinwanddramen der fünfziger Jahre, keinesfalls einem Massenpublikum bekannt wird. Sympathisanten eines sozial und politisch engagierten Kinos gab es in allen Bereichen der Filmmetropole, doch viele von ihnen sind – wie Biberman selbst – infolge von McCarthys berüchtigter Jagd auf Kommunisten mit Berufsverbot belegt worden. Von diesem Feldzug gegen «unamerikanische Umtriebe» hatte sich Hollywood schwerlich erholt, als Welles dorthin zurückkehrt. Der Kalte Krieg und anwachsende Rassendiskriminierung insbesondere in den südlichen Bundesstaaten der USA beherrschen die Außen- und Innenpolitik dieser Ära unter Präsident Eisenhower – dessen Amtsführung gleichwohl geprägt ist durch zögerliche Maßnahmen zur Entspannung der globalen wie nationalen Konfliktherde. Nach spektakulären Übergriffen von Rassisten auf schwarze Schüler in Little Rock wird 1957, im Entstehungsjahr von *Touch of Evil*, das erste Bürgerrechtsgesetz seit der Jahrhundertwende erlassen; im folgenden Jahrzehnt erst entwickelt sich der Kampf für Gleichbehandlung der Hautfarben zu einer Massenbewegung. Zu den prominenten Vorkämpfern dieser verspäteten Bürgerrechtsbewegung wiederum gehört Orson Welles; in seiner Hörfunkreihe *Orson Welles*

Commentaries hatte er im Sommer 1946 eine Nation wachgerüttelt, für einen Mann einzustehen, der als Soldat für Demokratie und gegen Antisemitismus gekämpft hatte und nun selbst das Opfer von Rassismus im eigenen Land geworden war: Polizisten hatten den farbigen Veteranen Isaac Woodward derart mißhandelt, daß er erblindete. Die höchst publikumswirksamen Radioappelle führen tatsächlich zur Identifizierung und Verurteilung des verantwortlichen Polizeioffiziers – zugleich erfährt Welles einmal mehr die Grenzen seines politischen Engagements: der Sender ABC kündigt rasch die Zusammenarbeit mit seinem populären Kommentator auf; Welles' Radiokarriere ist damit in Amerika beendet. Der «Fall Woodward», zu Beginn der Präsidentschaft des Roosevelt-Nachfolgers und Eisenhower-Vorgängers Truman, wird zu einem denkwürdigen Politikum: was noch als massenmedialer Triumph des politischen Liberalismus gefeiert werden kann, wird zugleich zum Vorzeichen der bevorstehenden Polarisierungen. Als Welles ein Jahrzehnt später seinen schwarzen Film über «Grenzkonflikte» inszeniert, erreichen diese Polarisierungen ihren Höhe- und Wendepunkt – wie dies auf nationaler Ebene die Ereignisse von Little Rock zu erkennen geben. In welcher Weise darf oder muß also ein nahezu allmächtiges Studio wie Universal in dieser spannungsgeladenen Zeit Welles' gesellschaftspolitisch hochbrisantes Filmmaterial verändern? Sollten die Intentionen des Regisseurs womöglich in ihr Gegenteil verkehrt werden?

Uns bleibt – trotz aller Ungereimtheiten –, *Touch of Evil* als sehr sehenswerten Epilog der Schwarzen Serie zu würdigen, in dem Marlene Dietrich wie beiläufig das Schicksal von Hollywoods genialstem Regisseur vorherzusagen scheint: *Junge, du bist alt geworden. Du hast keine Zukunft. Du hast sie dir selbst genommen.*[104]

Orson Shakespeare

Orson Welles zählt kaum drei Jahre, als er lesen lernt. Sein Lesebuch heißt «Ein Sommernachtstraum», verfaßt von William Shakespeare. Oft muß er sie verfluchen, die quälende Lektüre verklärender Sprachkunst – doch nur durch sie wird sich ihm eine verklärte Welt erschließen, nach der er sich lebenslang sehnt: die Welt einer gütigeren, besseren alten Zeit, ein Universum voller Zauber, wie es der Mythenbildner aus Stratford unübertroffen zu imaginieren verstand.

Seit frühester Jugend weiß Welles sich Shakespeare innig verbunden; er eifert ihm nach bis hin zum Selbstverständnis eines Bühnenprinzipals, das vorgibt, die unterschiedlichsten Aufgabenbereiche – vom Stückeschreiben bis zum Management – in einer Person vereinigen zu können. Er verinnerlicht zentrale Motive und Themen seines Idols und nähert sich dessen Figurenwelt in einer Weise, als habe er sich das Credo Jagos zu eigen gemacht: Ich bin nicht, was ich bin. Sein Film über Jago und Othello wiederum ist es, der das hohe Maß an eigenständiger künstlerischer Leistung verdeutlicht, zu der sich das amerikanische Kinogenie durch die magische Bühne des englischen Theatergenies inspirieren ließ.

Drei Filme dreht Welles direkt nach Vorlagen seines großen Vorbildes – sie alle lassen den Zuschauer wie selbstverständlich begreifen, warum Shakespeare immer wieder auf allen Bühnen der Welt gespielt wird; und zwei von ihnen belegen, wie berechtigt es ist, Orson Welles zu den wenigen bedeutenden Regisseuren zu zählen, die das Kino mit Hilfe des Theaters zu einer selbständigen – dem Theater durchaus überlegenen – Kunstform entwickelt haben – nicht zuletzt zum Nutzen solcher Bühnenautoren vergangener Zeit, die auch heute ein großes Publikum verdienen.

Macbeth auf der Bühne

Im Sommer 1947, ein Jahrzehnt nach dem legendären Negro-Macbeth, bringt Welles die berühmte Fabel über die selbstzerstörerische Machtgier ein zweites Mal auf die Bühne, und zwar mit einem neugegründeten Mercury-Ensemble in Salt Lake City. Nach solcherart Erprobung vor Publikum begibt sich die Truppe auf «Tournee» nach Hollywood. In einem kleinen Studio der Republic Pictures entsteht die Kinoversion der Tragödie vom Feldherrn Macbeth, der über Leichen geht, um König von Schottland zu werden.

Welles dreht *Macbeth* in nur 23 Tagen; er schläft keine Nacht länger als zwei Stunden und erfüllt damit gewiß die eigene Maxime, *als Künstler stets den Punkt höchster Unbequemlichkeit zu finden*[105]. In so kurzer Zeit und für ca. 600 000 Dollar wird Welles' billigster Film produziert, der – eben auch aus Etatgründen – der Bühne verhaftet bleibt. In einfachstem Dekor muß sich das Spiel vom Aufstieg und Fall eines selbsternannten Herrschers entwickeln – einem Dekor, das immerhin zur gebundenen Sprache elisabethanischer Dramatik paßt, zumal Welles sich weitgehend an die Textvorlage hält, wenn auch vorgetragen in einem amerikanischen Englisch mit schottischem Akzent.

Welles inszeniert das Drama als eine Verschwörung von *Kräften des Chaos gegen christliches Gesetz und Ordnung.* An einem Ort, an dem *das Kreuz erst vor kurzem errichtet worden ist*[106], erscheint sein Macbeth – wie etliche der Hauptfiguren in seiner Kinolandschaft – als ein Grenzgänger. Mal mit Tierfellen behängt in dunklen Höhlen wandelnd, mal in kunstvolle Gewänder gehüllt auf Burgtürme emporeilend, begegnet uns ein ruheloser König, der der Barbarei nicht völlig zu entsagen vermag, zur Zivilisation nicht stark genug sich zu bekennen wagt.

Als kupferner Spiegel des Innenlebens eines zwischen blutrünstigen Neigungen und Gewissensqualen zerriebenen Machtmenschen erfüllen der simple wie effekthaschende Kulissen- und Kostümierungszauber wie auch die Toncollagen aus Theaterdonner und Avantgardemusik Jaques Iberts durchaus ihre Funktion – der Theater- und Hörfunkregisseur beherrscht sein Handwerk.

Die psychologischen Dimensionen von Shakespeares monologreichstem Schauspiel auszuloten, dies wiederum muß den Filmregisseur gereizt haben (1936 hatte Welles Macbeth eher als Opfer eines Fluches – eines Voodoo-Zaubers – denn als eigenverantwortlich handelnden Menschen gesehen); in einem solchen theatralischen Kontext jedoch wirkt gerade die Kinotechnik fast befremdlich. Welles' filmische Dramaturgie erscheint zudem ungewohnt statisch, ähnlich statisch wie seine darstellerischen Bemühungen in der Titelrolle: in Nahaufnahmen betrachten wir ein Antlitz, das angestrengt versucht, die im Off gespro-

83

«Ich gehöre zu den Schauspielern, die Könige spielen.»
Orson Welles in der Titelrolle seiner «Macbeth»-Verfilmung, 1947

chenen bedeutungsvollen Verse des vom Gewissen Gepeinigten mit den ihm eigenen Mitteln, analoger Sprache also, zu erklären. Nur gelegentlich gelingt es dem Regisseur, das Bühnenhafte seines Films vergessen zu machen – wie etwa in der Szene nach der Ermordung König Duncans, wenn eine tiefenscharfe Einstellung, in der Macbeth und seine Gattin ihre blutigen Hände betrachten, Verbundenheit und Entfremdung des Paares (Macbeth allein bereut den Frevel) sinnfällig werden läßt. Für Augenblicke zeigt sich die inspirierte Könnerschaft, mit der sich Welles wenige Jahre später einen Shakespeare-Stoff aneignen wird.

Als krasse Fehlbesetzung erweist sich in der Rolle der Lady Macbeth Jeanette Nolan, eine Schauspielerin ohne Filmerfahrung, die für die erkrankte Agnes Moorehead eingesprungen war. Als bereute er die Dämonisierung einer Frau in seinem letzten Film, scheint Welles die despotische Urkraft seiner Antiheldin zurückdrängen zu wollen: Lady Macbeth wirkt wie eine müde gewordene Lady von Shanghai; doch selbst dieser eingeschränkte Part überfordert das darstellerische Vermögen von Jeanette Nolan.

Welles will seinen *Macbeth* zum Festival nach Venedig schicken, um dort in einen Wettstreit zu treten mit Laurence Olivier, seinem europäischen Antipoden in der Shakespeare-Interpretation für Bühne und Leinwand. Gerade Oliviers «Hamlet»-Version gehört zu den Kinowerken, die eindrucksvoll nachweisen, wie wenig eine Theaterverfilmung abgefilmtes Theater bedeuten muß. Welles' spätere Arbeiten veranschaulichen die künstlerischen Möglichkeiten der Filmkamera zur Adaption Shakespeares, ohne ihm untreu zu werden – was im übrigen auch anderen «Macbeth»-Filmen gelingt: Akira Kurosawas Transponierung des Stoffs in die Welt der Samurai etwa oder Roman Polanskis Horror-Interpretation.

Auf den Festival-Vergleich zweier unterschiedlicher Shakespeare-Verfilmungen läßt sich Welles im letzten Moment doch nicht ein – und seine Entscheidung ist gewiß nicht falsch. (Auch der Verleih zögert den Kinoeinsatz – einer gekürzten und im Soundtrack veränderten Fassung – zwei Jahre hinaus.) Erst fünf Jahre später nimmt ein Welles-Film nach Shakespeare die Herausforderung im Wetteifer um einen Festivalpreis an: *Othello* gewinnt in Cannes die Goldene Palme.

Othello im Kino

Macbeth und *Othello* – verschiedener können zwei Filme nach Shakespeare-Stoffen trotz ein und desselben Hauptdarstellers kaum sein, von den Produktionsbedingungen bis hin zur Ästhetik der Umsetzung;

dort die Inszenierung in kürzester Zeit mit einem festen Ensemble als abgefilmte Bühnenversion, hier der mühevolle Entstehungsprozeß über Jahre mit wechselnden Darstellern, im Ergebnis jedoch als Sternstunde des Kinos.

Sowenig wie Hollywood hatte auch der Broadway zuletzt an Welles verdient, und auch er verliert dort ein Vermögen. 1946 inszeniert er das Musical *Around the World in 80 Days*, geschrieben von ihm selbst nach Jules Vernes Vorlage, vertont von Cole Porter. Die sehr teure Produktion wird von Publikum und Kritik wohlwollend aufgenommen, doch der Erfolg dieser Bühnenarbeit, nach Welles' eigener Einschätzung seiner besten überhaupt, ist nicht groß genug, um zumindest die Produktionskosten zu decken. Einen Nachlaß auf seine Steuerschuld allerdings verweigern ihm die Finanzbehörden. Sein Ruf als unverantwortlicher Geldverschwender verfolgt Welles von der West- zur Ostküste und wieder zurück. Wer wird jemals noch einen Cent auf seine Talente zu setzen wagen? Im Gegenteil, viel Geld wird ihm selbst abgefordert, und zwar für seine Arbeit, die ihm keinerlei Verdienst verschafft hatte. Die Finanzbehörden verfolgen ihn – existenzbedrohender noch als das FBI den vermeintlichen Kommunisten (1945, also vor Beginn des Kalten Krieges, erklärte FBI-Chef Hoover Welles offiziell zu einer «Gefahr für die innere Sicherheit» der USA[107]). Entnervt flieht Orson Welles noch im Sommer 1947 ins europäische Exil. Nicht in Shakespeares Heimat zieht es ihn, sondern in ein Land, dessen Bewohner *fast nur aus Schauspielern bestehen*[108]: nach Italien. Seine Flucht wird ihn bewahren können vor dem Zugriff durch McCarthys Gesinnungsprüfer – der amerikanischen Steuerfahndung zu entkommen, das gelingt Welles nicht!

In Venedig beendet Welles die Montage zu *Macbeth*, und im Herbst 1948 entstehen dort die ersten Aufnahmen zu *Othello*, Orson Welles' erstem Spielfilm als eigener Produzent und Hauptfinanzier. Vier Jahre seines Lebens wird er damit verbringen, *Othello* herzustellen, denn jeder Meter seines Werkes muß schwer verdient werden. Nach dem frühen Bankrott des Unternehmens, das den Film produzieren wollte, reicht Welles' eigenes Geld oftmals nur für die Versorgung des Teams am jeweiligen Drehort – zumal Welles, ob allein oder in Gesellschaft, überaus großzügig Quartier zu nehmen, zu speisen und zu trinken pflegt. Ist die letzte Lira ausgegeben, eilt ein verzweifelt-enthusiastischer Künstler vom eigenen Set zu dem der Kollegen, um mit seiner Gage als Schauspieler in Streifen meist minderer Qualität die Fortsetzung der Dreharbeiten zu sichern. So spielt er in Kostümfilmen ihm auf den Leib geschnittene Machtmenschen wie den Grafen Cagliostro, General Bayan oder Cesare Borgia. Nur widerwillig akzeptiert er das Angebot, eine Rolle zu übernehmen, in der er sich zumeist in den stinkenden Abwässern Wiens zu bewegen hat. Bare 100000 Dollar nimmt er

«Die Eifersucht ist verabscheuungswert, nicht Othello»:
Suzanne Cloutier und Orson Welles in «Othello», 1952

für seinen Kurzauftritt in «The Third Man» statt der ihm offerierten zwanzigprozentigen Gewinnbeteiligung, die seine Finanzprobleme vermutlich für alle Zeiten beseitigt hätte. So aber muß Welles weiter durch die Lande ziehen auf der Suche nach dem schnellen Geld. Manche Tür wird ihm aufgetan dank Shakespeare – wie 1951, als Laurence Olivier ihn den «Othello» am Londoner St. James Theatre inszenieren und spielen läßt. Die teilweise kritische Resonanz auf sein englisches Bühnendebüt weiß der Gast aus Amerika mit Humor zu nehmen – seinen Auftritt als Zauberkünstler vor Prinzessin Elisabeth kündigt er mit den Worten an: *Ich komme soeben vom St. James Theatre, wo ich Desdemonda ermordet habe – oder Shakespeare, je nachdem, welche Zeitung sie lesen.*[109] Um anschließend zumindest Desdemonda auch auf der Leinwand erwürgen zu können, tritt er gar als demütiger Bittsteller bei Hollywoodtycoon Darryl F. Zanuck auf; 85000 Dollar ist der bereit, ihm zu geben – im Gegenzug zu einer sechzigprozentigen Gewinnbeteiligung am Film! Doch ein solcher Betrag deckt kaum die Kosten für die Kostüme; wobei noch Improvisationskunst aus der Not eine Tugend zu machen versteht, wenn Welles die Szene der Ermordung Rodrigos kurz entschlossen in ein Türkisches Bad verlegt: Badetücher ersetzen kostspieliges Gewand und gereichen der dichten Atmosphäre des Films zum Vorteil, hat doch kein Zuschauer diesen Bühnenmord jemals derart schweißtreibend erlebt. Karge Mittel sind es zudem, die Welles zwingen, auf die von ihm bevorzugten langen Einstellungen zu verzichten – der Etat erlaubt nicht mehr als fragmentarische Schuß-Gegenschuß-Aufnahmen (*...ich blicke nach links an der Kamera vorbei, und der Blick über meine Schulter nach dem Schnitt erfolgt auf einem anderen Kontinent – ein Jahr später.*[110]). Wie sollte man diesen Zwang zum Sparen im nachhinein bedauern – führt er im Ergebnis doch zu einer Montage, die das hochdramatische Geschehen sujetgerecht in atemlosem Tempo vorantreibt.

Zanucks Dollars reichen vielleicht erneut für die kurzfristige Verpflegung der Mitglieder des Drehteams, kaum aber für die Entlohnung ihrer Leistungen unter erschwerten Arbeitsbedingungen in Marokko und Italien. Manche von ihnen verzichten darauf oder investieren sogar selbst in das Projekt allein aus Begeisterung an der Sache oder aus Liebe zu dem Mann, der solche Begeisterung stets aufs neue zu entfachen weiß. Unter ihnen sind Hilton Edwards und Micheál MacLiammóir, die Freunde vom Gate Theatre. Der siebzehnjährige Welles hatte sich damals vom Ensemble getrennt, weil Edwards nicht ihm, sondern sich selbst die Rolle des Othello gab. Wie einst spielt MacLiammóir auch jetzt den Jago, mittlerweile Welles' vierte Besetzung dieser Rolle. Seine dritte Desdemonda heißt Suzanne Cloutier, eine Kanadierin von kühler Ausstrahlung – aus gutem Grund: die heißblütige Römerin Lea Padovani hatte zunächst Othellos treues Eheweib gespielt, und Welles war ihr hoffnungslos verfallen. Als die Diva mit ihm ein Spiel trieb, wie es der «Halbteufel» Jago erdacht haben könnte, ließ der Eifersüchtige die Hauptdarstellerin auf seine Art verstummen: er ersetzte sie flugs durch eine andere Schauspielerin.

Othello und Jago: Orson Welles (rechts) und Micheál MacLiammóir
in dem «Othello»-Film

Von den vielen Anekdoten und Legenden, die sich um die Entstehung des *Othello* ranken, aber auch über die damaligen konzeptionellen Vorstellungen berichtet Welles am Schneidetisch und vor Ort oder im Gespräch mit den Dubliner Freunden in seinem 1977 entstandenen Dokumentarfilm *Filming «Othello»*.

Zwei Menschenbilder stoßen in Shakespeares Eifersuchtstragödie aufeinander, wie sie gegensätzlicher nicht sein könnten. Fähnrich Jago neidet seinem Vorgesetzten Othello den beruflichen Erfolg und das private Glück. Die Gunst der Stunde läßt den farbigen General, der das Schicksal eines Außenseiters erleiden mußte, an das Gute im Menschen glauben. Jago, die sich freundlich gebende Bosheit, weiß um die

Brüchigkeit dieses Glaubens und damit um die Verwundbarkeit desjenigen, den er zerstören muß.

Welles inszeniert Jagos infames Intrigenspiel mit Witz und viel Sorgfalt. MacLiammóir interpretiert die Rolle in einer Weise, die uns erahnen läßt, warum Jago nicht anders als gemein handeln kann. Jago ist nicht das, was er vorgibt zu sein, wird aber auch kein anderer, denn er löst einen Vorgang aus, in dessen Verlauf sich allein sein Opfer verändert. Weit mehr noch als für die Betriebsamkeit der letztlich statischen Figur Jago interessiert sich Welles für die Veränderlichkeit von Othellos Charakter. Der Wandel eines Menschen steht somit im Zentrum seiner Kinoadaption und bestimmt ganz und gar ihren Rhythmus. Regisseur und Schauspieler konzentrieren sich auf die Stationen im Wandlungsprozeß einer stark erscheinenden Persönlichkeit: ein glückselig Verliebter wird verunsichert; mit zunehmenden Zweifeln an der Treue seiner Frau wächst die Eifersucht, die quälende Übermacht des Gefühls raubt ihm den Verstand, die Ohnmacht eines Vernichteten schlägt um in blinden Zorn, und er wird zum Mörder; schließlich richtet sich ein reuiger Sünder selbst.

In der Verknüpfung der äußeren und inneren Spannungslinien hält sich Welles treu an die Vorlage; das innere Drama jedoch – von Shakespeare den Gesetzen der Bühne entsprechend in Aktionen und Worten gestaltet – vertieft der Shakespeare-Schüler auf überzeugende Art mit Hilfe eines Instrumentariums, das keine Bühne, wohl aber die Leinwand bieten kann. Als wollte er die Interpretation seines Macbeth vergessen machen, eröffnet seine Mimik, insbesondere die Sprache seiner Augen, Einblicke in bisher kaum entdeckte Bereiche der Innenwelt eines Fremden, die uns im Verlauf des Films immer vertrauter zu werden scheint. Zustände und Veränderungen in der verletzlichen Psyche des berühmten Mohren von Venedig spiegeln sich aber auch im Dekor, in den von allerlei Schleiern geschützten wie versperrten Innenräumen, im Spiel von Licht und Schatten auf den Kanälen, in den engen Gassen der Festungsanlage und nicht zuletzt in der rauhen Küstenlandschaft Nordafrikas. Es sind gerade die Außenaufnahmen, die alles andere als realistisch wirken: Mensch und Natur, Mauern, Türme, Kanonen, Schiffe, Möwen choreographiert Welles zu Bildern der Traumsprache. Mit dem ungarischen Kameramann George Fanto hatte er bereits 1942 in Brasilien gearbeitet; manche seiner Aufnahmen – insbesondere der Trauermarsch der Eingangssequenz – erinnern in ihrer eigentümlichen poetischen Ausdruckskraft an *It's All True*.

Es ist faszinierend zu erleben, wie sich die Bewegungen gegensätzlicher Figuren und die Rhythmik einer ruhelosen Kamera, wie sich die Sprachkunst Shakespeares und die visuelle Raffinesse Orson Welles' zu einem harmonischen Ganzen fügen, das als Spiel über Sein und

Schein den Betrachter zwingt, sich selbst im Anderen, im Fremden zu sehen und zu verstehen.

Mit seinem ersten außerhalb Amerikas fertiggestellten Film erbringt der Regisseur des *Macbeth* und des *Citizen Kane* den Beweis, daß die Sprache des Films nicht die der Bühne sein muß, aber auch nicht die der Studios in Hollywood – ihre Entwicklung ist längst nicht abgeschlossen. *Citizen Kane* hatte die Filmästhetik innerhalb des Studios revolutioniert, ohne das Studiosystem in Frage zu stellen. *Othello* aber stellt dieses System sehr wohl in Frage, und so gesehen läßt sich verstehen, warum die RKO-Leitung sich von ihrem Wunderkind trennen mußte, als sie das Material zu *It's All True* vorgeführt bekam.

Sollte Orson Welles jedoch erneut oder immer noch seiner Zeit voraus sein? Erst drei Jahre nach der Auszeichnung in Cannes gelangt *Othello* mit nur wenigen Kopien in den amerikanischen Verleih, um bald darauf in den Archiven zu verschwinden. 1990 wird das Originalnegativ auf Nitrofilm im Lager der 20th Century Fox entdeckt; der Film wird sorgfältig restauriert und 40 Jahre nach seiner Premiere wiederaufgeführt – nun endlich gefeiert als großes Meisterwerk auch in Welles' Heimat. Kurz und präzise ist die Würdigung der «New York Times»: «‹Othello› steht auf einer Stufe mit ‹Citizen Kane› und ‹The Magnificent Ambersons›.»[111]

Was er will, wie es ihm gefällt

Mit dem Versesprechen werde es im Kino hapern, hatte Welles während der Arbeit am *Kane* festgestellt und daher bezweifelt, *ob sich Shakespeare für das Kino eignet*[112]. Mit *Othello* hat er seine Zweifel von einst gewiß ausgeräumt, weil er es wagt, statt *das Stück zu verfilmen*, seine *eigene experimentelle Linie fortzusetzen, Shakespeare ziemlich frei in eine filmische Form umzusetzen*; wie Verdis «Otello» in erster Linie eine Oper sei, so sei *Othello* eben ein Film[113].

Warum nur, fragt Welles, *sollte ein Film gegenüber einem Stück wortgetreuer sein als eine Oper?*[114] Was also könnte ihn länger hindern, die Geschichte des Kinos um weitere Figuren des wohl bedeutendsten Theaterdichters zu bereichern?

Shakespeare selbst verführt offenbar dazu, denn was ihn bis heute überaus anziehend erscheinen läßt, sei – so die moderne Erkenntnis der ehrwürdigen Royal Shakespeare Company –, daß er keine bestimmte Bedeutung vermittle, «vielmehr verheißt er eine unerschöpfliche Vielzahl von Bedeutungen», seine unendliche Formbarkeit sei es, die ihm künstlerische Unfehlbarkeit verleihe und damit seinen Interpreten «eine Autorität ohne Grenzen».[115]

Zu Welles' intensiv vorbereiteten Kinoprojekten gehören «Julius Caesar», «The Merchant of Venice» und «King Lear». Und vielleicht ist dieser Reihe seiner Shakespeare-Interpretationen noch ein Fragment besonderer Art hinzuzurechnen. Denn eigentlich habe Welles auch «Hamlet» verfilmt, wie Robert Carringer meint; zumindest habe er versucht, die traumatische Familiengeschichte des Dänenprinzen auf die Leinwand zu bannen, und zwar in einer «volkstümlichen Version» als *The Magnificent Ambersons*[116]. Folgt man diesem Ansatz, dann zeigt sich uns ein Welles, dem während der Arbeit an seinem zweiten Film die Kraft schwindet, einem Blick in die Tiefen seines Inneren standzuhalten; je mehr die Seelenverwandtschaft zwischen George Amberson und ihm selbst offenbar zu werden droht, desto stärker muß er sich von ihm distanzieren: so verändert er den Hamlet-Charakter der Vorlage hin zu einer engherzig-gemeinen Gestalt und verzichtet zur Überraschung der Filmwelt darauf, die Rolle des George zu übernehmen. Nach dieser Logik liegt der Schluß nahe, daß es Welles vom entfernten Rio aus allzu leicht fallen mußte, dieses nur mit Mühe kaschierte peinvolle Selbstporträt seinem Schicksal zu überlassen. In der Anagnorisis verstümmelt Oedipus sich selbst und Orson Welles seinen «Hamlet»? Eine solche Sicht veranschaulicht Freuds Hamlet-Deutung, ob sie jedoch die Biographie von Welles erhellt, bleibt die Frage – allemal gibt sie Anlaß, dessen Behauptung, in seinem Leben gäbe es kein *Rosebud*[117], mit Fragezeichen zu versehen.

1953 zeigt sich der ägyptische König Faruk bereit, eine moderne Filmfassung des «Caesar» zu finanzieren. In Anlehnung an seinen Broadway-Erfolg von 1937 plant Welles das Gegenstück zu einem Kostümfilm. Doch die Rechte sind bereits vergeben, und zwar an Hollywood, und dort dreht noch im selben Jahr Joseph L. Mankiewics «Julius Caesar»: als Kostümfilm.

The Merchant of Venice gehört zu den am wenigsten bekannten der von Welles fertiggestellten Werke. Nach Abschluß der Montagearbeiten, 1969, werden zwei Tonspurrollen aus dem Produktionsbüro in Rom gestohlen. Teile vom verbliebenen Rest werden in das Fernsehfeature *Orson's Bag* aufgenommen, wurden aber bis heute noch nicht gesendet.[118]

Den König Lear soll Welles der Legende nach bereits im Alter von sieben Jahren «verkörpert» haben.[119] Auf jeden Fall fühlt er sich der Rolle des alten Königs zeitlebens besonders verbunden. 1953 spielt Welles den Lear in Peter Brooks amerikanischer Fernsehinszenierung, Welles' erster Arbeit für das neue Medium überhaupt. Die Sendung – immerhin für ein Massenpublikum – wird ein unerwarteter Erfolg. Und diese Genugtuung leitet die Rückkehr des einst aus seinem Heimatland vertriebenen Künstlers ein – zunächst an die Ostküste, wenig spä-

Der König als «armes, nacktes zweizinkiges Tier»: Welles in der Titelrolle seiner New Yorker Inszenierung von «King Lear», 12. Januar 1956

ter nach Hollywood. Im Herbst 1955 inszeniert Welles *King Lear* im New Yorker City Center. Die Aufführung präsentiert den Schauspieler in der Rolle eines entmachteten Herrschers auf einem ungewöhnlichen Thron: Welles hatte sich während der Proben beide Fußknöchel gebrochen und residiert nun, allen Hindernissen trotzend, im Rollstuhl. Ein keineswegs gebändigter Welles plant mit einem englischen Ensemble, in New York ein Repertoiretheater für Klassiker einzurichten. «King Lear» und Ben Jonsons «Volpone» sollen am Anfang stehen. Ein glanzvoller «Lear» verbraucht jedoch den gesamten «Volpone»-Etat ohne die erhoffte Publikumsresonanz; die englischen Schauspieler erhalten zudem keine Arbeitserlaubnis. Welles' New-York-Comeback wird somit zu einem Spiel des Abschieds, der wie besiegelt erscheint durch Lears letzte Worte: «Oh, du kehrst nimmer wieder, niemals, niemals, niemals...»[120]

Die Verfilmung der Geschichte vom König, der von der jüngsten Tochter, die er verstieß, geliebt, von den Töchtern, die er belohnte, entmachtet wird – der Vater dreier Töchter[121] verfolgt diesen Plan mit Leidenschaft bis an sein Lebensende. Er verspricht, das *beste Drama, das je geschrieben wurde, [...] in äußerst intimer* Form zu adaptieren, *nicht nur zu einer neuen Gattung Shakespeare, sondern auch zu einer neuen Gattung Film*[122]. Die Tragödie eines alten Mannes – sie verwirklicht sich auf andere und doch nicht untypische Weise: zu seinem siebzigsten Geburtstag muß Welles endgültig erkennen, daß sein Herzensprojekt zum Scheitern verurteilt ist – aus finanziellen Gründen. Geld ist ihm alles und doch nichts. Denn nicht Reichtum und nicht Macht, nur die Liebe läßt die Menschen zu Menschen werden: wie oft hatte Welles Cordelias stets aktuelle Botschaft in seinen Filmen variiert, und vielleicht wäre es ihm in diesem Spätwerk noch einmal so überzeugend gelungen wie in seinem Erstling *Citizen Kane* und in dem Meisterwerk der mittleren Jahre, *Falstaff*.

Fünf Königreiche für einen Falstaff!

Es gibt tausend Arten, einen guten Klassiker zu interpretieren, nützte es ihm, würde ich Hamlet auf dem Trapez spielen.[123] Orson Welles spielt den Hamlet, als er längst zu schwer und zu alt geworden ist für riskante Kunststücke unter der Zirkuskuppel, *denn Falstaff ist Hamlet – ein alter und verruchter Hamlet, der mit Shakespeare einen trinken geht...*[124]

Kurz bevor ihn der Ruf nach Hollywood ereilte, hatte Welles Auszüge aus mehreren Königsdramen Shakespeares zu einem Bühnenstück mit dem Titel *Five Kings* gefügt und für das Colonial Theatre in

Zwei große Shakespeare-Mimen proben absurdes Theater: Orson Welles und Laurence Olivier in Ionescos «Rhinoceros», Royal Court Theatre, London 1960

Boston inszeniert. Dieser fünfstündigen Adaption war – wie bereits erwähnt – kein großer Erfolg beschieden; in weiser Voraussicht wurde darauf verzichtet, einen zweiten Teil an einem weiteren Abend aufzuführen. Erfinder dieser Verschnittechnik im Umgang mit Shakespeare war der fünfzehnjährige Todd-Schüler: als Abschlußarbeit inszenierte und spielte er «Richard III» in einer um zahlreiche Fragmente aus anderen Historienstücken ergänzten Fassung. Und Welles bleibt von seinem dramaturgischen Einfall überzeugt: zwanzig Jahre nach dem *Five Kings*-Experiment entsteht aus dessen erstem Teil das Schauspiel *Chimes at Midnight*, die eigentliche Vorlage zu Welles' drittem Shakespeare-Film. In den Vordergrund der Handlung rückt jetzt Shakespeares komische Figur Falstaff, wobei Welles es nicht bei einer bloßen Textauswahl beläßt: Szenen und Dialoge, unter anderem aus «Richard II», «Henry IV», «Henry V» und aus «The Merry Wives of Windsor», arrangiert er zu einem inhaltlich wie formal in sich geschlossenen eigenen Drama über eine humorvolle wie melancholische – und eher tragische – Persönlichkeit.

Nach Bewährungsproben auf der Bühne in Belfast und Dublin verfilmt Welles *Chimes at Midnight* im Herbst und Winter 1965/66 in Spanien – unter dem gleichnamigen Titel; später wird der Film auch *Falstaff* genannt. Als Szenarist, Regisseur und Hauptdarsteller versteht es der Schöpfer der gelungenen Kinoadaption des «Othello», sich noch selbstbewußter vom Theater zu lösen, um in Bildern und Worten von suggestiver Wirkung das Reich Shakespeares wie das des Orson Welles auf Zelluloid zu bannen.

Sein Werk erzählt vom alternden Ritter John Falstaff und seiner freundschaftlichen Verbundenheit mit dem Prinzen Hal, dem künftigen König Henry V. Die Freundschaft ungleicher Männer, häufiges Motiv im Schaffen Welles', wird zum eigentlichen Hauptthema. Der Film beschreibt zwei Welten – die bitterernste des von Aufständischen belagerten Hofes von König Henry IV und die ausschweifende des Tavernenvolkes um den beleibten Epikureer Falstaff; schon die Verschiedenheit von Shakespeares/Welles' Versen – zwischen Theatralik und Volkstümlichkeit – verweist auf die Unversöhnlichkeit dieser Welten. Der junge Hal versucht in beiden Sphären zu leben; er liebt den spontanen Saufkumpan und Prahlhans und verehrt den strengen, machtbewußten Vater. Als er selbst die Krone trägt, distanziert er sich vom *Lehrer und Pfleger meiner Lüste* [125] und von der Zeit der Ritterlichkeit des Alten England.

In eindrucksvollen Sequenzen beschwört Welles die düstere Atmosphäre am Hofe des todgeweihten Königs und das unermeßliche Leid des Krieges. Jedoch bevorzugt der Regisseur unverkennbar die Inszenierung solcher Auftritte, in welcher der spöttische Ton einer Posse angeschlagen werden kann. Unvergeßliche Höhepunkte einer Abfolge von Szenen voller Bild- und Sprachwitz werden Falstaffs *extemporierte Spielchen* [126] als König und Prinz oder sein Versuch als Hauptmann, aus einem Ensemble prägnanter Volksstück-Typen eine «unschlagbare» Kampftruppe zu rekrutieren.

Die Beschreibung der strengen Seiten im Leben der Freunde ist gelegentlich getragen vom Pathos, das Shakespeares Königsdramen zu eigen ist – doch selbst diese Handlungsteile sind noch durchzogen von einer kontrapunktischen Tongebung, einer für Welles typischen Art von Humor. Der Todeskampf eines habgierigen Monarchen wird ebenso aus ironischer Distanz geschildert wie die Schlacht von Shrewsbury. In der verblüffend inszenierten und montierten Schlachtsequenz erscheint zwischen Einstellungen von brutalen Zweikämpfen und Gruppengemetzel das Bildnis eines Unzeitgemäßen: Falstaff, zu schwer, um auf ein Pferd gehoben zu werden, bewegt sich als Infanterist wider Willen quer zu den Reihen einer im Schlamm endenden Schlacht stets im Bestreben, seine Haut zu retten: *Ehre ist mir ein Grabschild*, bekennt er voll Häme seinem Freund, der wiederum in die Chronik Holinsheds eingehen wird als *ein Muster an Ehre und königlichem*

Welles als Falstaff, mit Jeanne Moreau als Doll Tearsheet, 1965/66

Sinn[127]. Der Darstellung kollektiven Sterbens nimmt Welles nicht den Ernst, wohl aber den Anspruch einer höheren Berechtigung gegenüber dem einfachen Überlebenswillen; zugleich verhindert seine Dramaturgie «jene blutrünstige, furiose Faszination, die allen Kriegsfilmen eigen ist»[128]. Daß der Streit um den Thron allein im Kräftemessen zweier

Männer hätte ausgetragen werden können, läßt Welles im Verlauf der gesamten Sequenz verbal wie optisch sinnfällig werden, und so verweigert er auch auf diese Weise dem Krieg jegliche Möglichkeit zur Rechtfertigung – ob politischer oder religiöser Natur.

In dieser pazifistischen Position unterscheidet sich Welles von seinen Shakespeare verpflichteten prominenten Kollegen, die den späteren von König Henry V geführten Krieg gegen Frankreich in Szene setzen. Laurence Olivier gerät die Schlacht in seinem Film 1944 zum Propaganda-Instrument im Kampf gegen Nazideutschland, und in Kenneth Branaghs «Henry V»-Version von 1990 erscheint Krieg als Übel zwar, aber als ein notwendiges zur Durchsetzung des Prinzips Staatsräson. Beide Filme sind voller bellizistischer Mystifizierungen und darin Shakespeare und dem machiavellistischen Geist seiner Epoche näher als Welles' *Falstaff*. Welles stellt die in den Königsdramen beschworenen hehren Werte englischer Würdenträger allesamt als dem Machterwerb dienende Sekundärtugenden in Frage, nichts scheint ihm heilig zu sein bis auf eines: die Freundschaft. Das Zerwürfnis Hals mit dem Freund während der Krönungszeremonie bricht dem Alten das Herz. Dieser Tod *des einzigen guten Menschen im Drama* [129] durch den Verlust der Liebe sei tragisch, nicht jener von Königen, der in ruhmreichen Schlachten erlitten wird – so die Erkenntnis des kongenialen Shakespeare-Nachfahren in seiner grandiosen Huldigung an das (Über-)Leben.

Nach *Othello* schafft es Welles mit *Falstaff* ein zweites Mal, aus dem gewaltigen Schatten des *Kane* zu treten – wenn auch in anderer Art. Beide Filme bestechen durch die Fähigkeit ihres Regisseurs, eine zeitgebundene Dramaturgie in eine Sprache zu übertragen, die es einem breiten Publikum ermöglicht, sich von der poetischen Kraft Shakespearescher Dichtkunst bewegen zu lassen. *Othello* gelingt dies im wesentlichen durch kamera- und montagetechnische Virtuosität, *Falstaff* hingegen durch eine in Welles-Filmen bisher nicht gekannte Betonung der Personenführung und das damit verbundene Spiel eines Ensembles sehr lebendiger menschlicher Gesichter in Nah- und Großaufnahmen. Was er im Film zu entdecken suche, so Welles in der Zeit der Entstehung von *Falstaff*, das seien nicht länger *technische Überraschungen*, sondern *eine vollständige Einheit der Formen.* [130]

Dank bewundernswerter Leistungen von Haupt- und Nebendarstellern – neben Welles unter anderem John Gielgud als Henry IV., Jeanne Moreau als Hure oder Welles' Tochter Beatrice [131] als Falstaffs Page – erscheinen uns die der Phantasie Shakespeares entsprungenen Figuren fast so, als wären sie vertraute Menschen aus heutiger Zeit.

Der gesamte Film sei, erklärt Welles, die Vorbereitung auf eine einzige Szene, den *ungeheuerlichen Moment* der Zurückweisung Falstaffs durch den Prinzen. [132] Die Gestaltung dieser tiefen Kränkung gerät in der Tat zu einem der bewegendsten Augenblicke im Gesamtwerk des Filmregisseurs wie dem des Schauspielers. Die von Welles verkörperten großen Männer lehrten uns das Fürchten oder nötigten unsere Bewunderung ab, ihr Sturz war um so effektvoller, je höher und damit entfernter sie von uns standen; *verbannt Ihr Falstaff, verbannt Ihr die ganze Welt* [133], hatte der fluchwürdige Ritter seinen König gewarnt – der so Gestürzte kommt unserem Herzen nahe wie keine andere Welles-Figur.

Falstaff wird auf dem Festival in Cannes 1966 enthusiastisch gefeiert. Viele Kritiker halten ihn für Welles' beste Shakespeare-Verfilmung, manche sogar für sein bestes Werk – mit Sicherheit ist er sein warmherzigster und auch sein persönlichster Film.

Sir John Falstaff ist Narr, Spieler, Zecher, Schwerenöter, Beutelschneider, Lügner und begnadeter Erzähler phantasievoller Geschichten. Er steht dem Hofe des Königs – Zentrum weltlicher Macht und Quelle des Geldes – nahe und zugleich doch sehr fern. Wer will, der kann eine zweite Folie des Films entdecken, auf der bedeutsame Szenen aus dem Leben eines stets heimatsuchenden, aber ewig heimatlosen Orson Welles nachgestellt erscheinen. Ähnlichkeiten zwischen ihm und seiner Kinofigur zeigen sich im heiter-schwermütigen Naturell, in der bespöttelten Beleibtheit wie in der Verletzbarkeit hinter der Fassade des Spötters, gewiß auch in beider Vorliebe, viel Lärm um Nichts zu machen. *Mit Witz und Verstand schlägt er sich durch – ohne Platz zum Schlafen, wenn er seine Gönner nicht zum Lachen bringt –* Welles spricht von seinem Alter ego; aufgedrängt wird uns Zuschauern eine solche autobiographische Sicht keineswegs. Doch zweifellos erleben wir Orson Welles in der Rolle seines Lebens, *der schwierigsten, die ich jemals spielte* [134].

Von Träumen – den falschen und den wahren

Die Abenteuer des Harry L. und des Josef K.

Suche dir eine Kunstform, die dir eine Chance gibt, jeden Tag zu arbei-
ten, anstatt nach Geld zu suchen [...]. Als Maler, Bildhauer oder Schrift-
steller fängst du morgens mit deiner Arbeit an, als Filmemacher ver-
bringst du die meiste Zeit damit, keine Filme zu machen. So laß' das
Filmemachen, wenn du kannst. Wenn du es aber nicht lassen kannst,
dann nur los...[135] Seit er Amerika den Rücken kehrte, verbringt Orson
Welles tatsächlich die meiste Zeit damit, Mittel zur Finanzierung seiner
Filmprojekte zu besorgen. Die Möglichkeit, sein eigener Produzent zu
sein, wird ihm, so muß er hoffen, ein Höchstmaß an künstlerischer Freiheit erbringen. Doch jede seiner Unternehmungen wird zum Abenteuer, treibt den Wagemutigen an den Rand der physischen und psychi-
schen Belastbarkeit.

Die Sicherheit, die Hollywood ihm bot, hätte er gewiß nicht freiwil-
lig aufgegeben zugunsten der Freiheit eines Glücksspielers, der vier Jahre
um die Vollendung eines *Othello* bangen muß. Welles war 1947 nach Europa gegangen im guten Glauben, dort arbeiten zu können unter freieren Bedingungen als daheim, aber doch mit vergleichbaren Garantien.
Eine Weile noch gab er sich der Illusion hin, er könne die Gunst eines
größeren europäischen Studios gewinnen. Besonders intensiv bemühte
er sich um einen der bedeutendsten Kinoproduzenten außerhalb Hollywoods, um Alexander Korda nämlich. Der Chef der London Films
hatte sich in den zurückliegenden Jahren an Welles' Vorschlägen für gemeinsame Filme nach berühmten literarischen Vorlagen interessiert gezeigt. Welles schrieb Szenarien unter anderem nach Leo Tolstois «Krieg
und Frieden», Oscar Wildes «Salome», Luigi Pirandellos «Henry V»
und Edmond Rostands «Cyrano de Bergerac». Nur für «Cyrano» sei er
überhaupt nach Europa gegangen, versicherte Welles.[136]

In der eigenen Verfilmung des «Cyrano» die Titelrolle zu spielen
war der langgehegte Traum eines Schauspielers, der zeitlebens unter

seiner Nase litt. *Sie hat aufgehört zu wachsen, als ich etwa zehn Jahre alt war*, begründete Welles den Umstand, daß die Nase seinem Gesicht etwas Komisches verleihe und sich nicht eigne für tragische Rollen.[137] Aufgetreten war er daher bislang nie ohne falsche Nase. Wie groß mußte daher seine Enttäuschung gewesen sein, als nach neunmonatiger intensiver Vorbereitung auch das letzte der Regieprojekte, «Cyrano», scheiterte und Korda ihm zum Trost die Rolle in einem Film bot, in dem er nur kurz vor der Kamera zu erscheinen hatte, und dies o h n e falsche Nase: «The Third Man». Welles nahm Kordas Offerte notgedrungen an; er gewann dadurch – wie beschrieben – universelle Popularität, verlor andererseits für lange Zeit die Zuversicht, Filme jemals unter den gewohnten Bedingungen herstellen zu können. Unter diesem Blickwinkel betrachtet steht der berühmte Gastauftritt in «The Third Man» am Beginn von Welles' unfreiwillig-freiwilliger Produzententätigkeit.

Wenn Jean Renoir, in Welles' Augen *der größte aller Regisseure*[138], kein Geld für seine Filmarbeit hatte, dann verkaufte er Bilder seines Vaters Auguste. Für Welles sind es die Gagen, die er als Darsteller in den Filmen von Kollegen verdient, welche zur eigentlichen Grundlage seines künstlerischen Schaffens werden; auch diese Entlohnung ist jedoch nur eine unter vielen nötigen Finanzierungsquellen. So arbeitet er weiter für Theater und Rundfunk, später auch für das Fernsehen – leicht verdient er dabei sein Geld nur in Werbespots und als Darsteller seiner selbst in zahllosen Talkshows. Nur gelegentlich gelingt es ihm, einen vermögenden Kinoliebhaber oder einen ahnungslosen Spekulanten zu überreden, Kapital in einen Welles-Film zu investieren.

1950, noch während der Montagearbeiten zu *Othello*, stellt Welles in Paris einen Theaterabend zusammen, der aus zwei Teilen besteht: aus einer von Duke-Ellington-Musik begleiteten Faustus-Version nach Marlowe, Milton und Dante *(Time Runs)* sowie der von ihm verfaßten Satire auf Hollywood, *The Unthinking Lobster*. Er selbst steht als Doktor Faustus auf der Bühne neben einer Darstellerin, die er in einem Pariser Nachtclub entdeckt hatte: Eartha Kitt. Der Klang ihrer Stimme hatte ihn derart fasziniert, daß sie – kurz vor der Premiere – Suzanne Cloutier in der Rolle der Helen of Troy ersetzen muß. Beide gehen anschließend auf Deutschland-Tournee – mit verändertem Programm, angekündigt als *Ein Abend mit Orson Welles*. Um die Zeit zu überbrücken, die Welles wegen seiner Rollenwechsel als Faust, Magier und Shakespeare-Rezitator in der Maske verbringen muß, läßt er Eartha Kitt einige Lieder singen. Das Publikum ist begeistert – und die Presse feiert ihren sensationellen Erfolg, nicht ohne über den Geschädigten zu spotten: «Orson mag denken, es sei ein Abend mit Orson Welles, aber in Wirklichkeit ist es einer mit Eartha Kitt.»[139]

Gesichter eines Schauspielers: Orson Welles als Benjamin Franklin (links) in Sacha Guitrys «Si Versailles m'était conté», 1953

Als Will Varner in Martin Ritts «The Long Hot Summer», 1957

Als Burundai in Richard Thorpes «I Tartari», 1960

Als Kardinal Wolsey in Fred Zinnemanns «A Man for All Seasons», 1966

Als Le Chiffre in Joseph McGraths James-Bond-Film «Casino Royale», 1967

Doch auch das Multitalent wird erneut mit viel Applaus verwöhnt – wie 1953 in London, wo es als Librettist eines Balletts überrascht. Wie sehr Welles Ballett und Ballerinas liebte, hatte auch Virginia Nicolson leidvoll erfahren müssen; ihre Ehe scheiterte nicht zuletzt an der Leidenschaft ihres Mannes für die Schönheit von Tänzerinnen in seiner *Ballerina-Phase*[140]. Welles über *The Lady in the Ice*, seine *kleine Parabel auf unsere Zeit*: ein Mann verliebt sich in ein Mädchen in Eis, seine Liebe läßt das Eis schmelzen, doch *als sie ihn küßt, verwandelt er sich zu Eis.*[141]

1955, fast ein Jahrzehnt nach dem finanziellen Desaster, das Welles mit *Around the World* am Broadway erlebte, wagt er sich erneut an eine aufwendige Produktion, und zwar inszeniert er in London seine eigene Bühnenadaption von Melvilles Roman «Moby Dick». Sehr gern hätte er den Stoff über die maßlose Suche Kapitän Ahabs nach dem weißen Wal verfilmt, aber die Rechte daran sind bereits an John Huston vergeben, und für Welles bleibt somit nur eine Nebenrolle. Gleichwohl gestaltet sich der Gastauftritt in Hustons Film als Father Mapple zu einem Bravourstück seiner Schauspielerkarriere.

In London arbeitet Welles auch wieder für den Rundfunk. Nachdem

Als General Dreedle in Mike Nichols' «Catch 22», 1970

er es versäumt hatte, sich am Gewinn des «Third Man» zu beteiligen, gelingt es ihm auf Umwegen dennoch, seine Popularität als Harry Lime in klingende Münze umzuwandeln: er leiht dem Helden einer Radio-Sendung seine Stimme. Die Serie «The Adventures of Harry Lime» (im wesentlichen ohne Bezug zum Greene-Sujet) bringt es auf etwa fünfzig Folgen.

Seinem Harry-Lime-Image wiederum und der Beliebtheit der BBC-Serie verdankt Welles die Entstehung seines – nach *Othello* – zweiten europäischen Films: neun Szenarien der Harry-Lime-Reihe hatte Welles selbst geschrieben, eines davon, *Greek Meets Greek*, verarbeitete er zu einem Film-Treatment, *Masquerade*, aus dem wenig später ein Roman wird, *Monsieur Arkadin*, verfaßt unter Welles' Namen von dessen langjährigem Sekretär Maurice Bessy. Im Mittelpunkt von Hörspiel, Treatment und Roman steht jeweils der Waffenhändler Gregory Arkadin – und zuletzt wird dieser kriminelle Machtmensch zur zentralen Gestalt des 1954 überwiegend in Spanien gedrehten Films *Mr. Arkadin*.[142]

Welles versteht seine mannigfach gestaltete Arkadin-Figur als *bestmöglichen «Ausdruck» einer korrumpierten Welt*[143] – die Kinovariante allerdings wirkt in ihrer überzeichneten Monstrosität wie eine groteske

105

Parodie auf Kane. So als wolle er an die Rolle des Harry Lime nicht länger erinnert werden, drapiert sich der neununddreißigjährige Welles in der Titelrolle mit Perücke und Vollbart und – man ist nicht überrascht – mit riesiger Pappnase als «Herr Satan persönlich»[144].

Um zu verhindern, daß seine Tochter Raina von den kriminellen Grundlagen seines fürstlichen Reichtums und Ansehens erfährt, beauftragt Arkadin den Verehrer Rainas, Van Stratten, die Zeugen seiner Vergangenheit aufzuspüren. Ein argloser Detektiv Van Stratten liefert die ehemaligen Komplizen einem allgegenwärtig erscheinenden Menschenjäger ans Messer; um nicht selbst dessen Beute zu werden, macht er Arkadin glauben, Raina sei über das Wesen ihres Vaters aufgeklärt. Dem bleibt nurmehr, sich aus größtmöglicher Fallhöhe, aus dem Flugzeug nämlich, in die Tiefe zu stürzen. Mit seinem «Verrat» verliert Van Stratten Raina auf dieselbe Weise, mit der Holly Martins einst Anna nicht gewinnen konnte.

Der kleine Schmuggler und Abenteurer Van Stratten ähnelt dem Seemann O'Hara – dieser läßt sich für 5000 Dollar, jener für die doppelte Summe zum Narren machen. Auch Arkadins Intrigenspiel gleicht dem des Ehepaars Bannister. Doch die von Welles erzählte Geschichte und der eiskalt agierende Bösewicht erscheinen diesmal wie am Reißbrett entworfen – allein zu dem Zweck, die Fabel zu illustrieren, die Arkadin als Gastgeber eines pompösen Maskenballs erzählt: ein Skorpion überredet einen Frosch, ihn über den Fluß zu nehmen mit der Versicherung, er werde ihn nicht stechen, denn dann würde er ja selbst ertrinken. Als der Frosch auf halbem Wege doch den tödlichen Stich verspürt und nach der Logik der Tat fragt, antwortet der Skorpion: *Logisch sei es nicht, aber so ist nun einmal mein Charakter.*[145]

Kleine Milieustudien in verblüffender Optik und Darstellerleistung bieten die Porträts der skurrilen Zeugen von Arkadins dunkler Vergangenheit; die kurzen Auftritte Michael Redgraves, Mischa Auers oder Akim Tamiroffs in der Galerie der Todgeweihten prägen sich den Zuschauern nachhaltig ein. Ihnen vorgestellt wird im übrigen Welles' dritte Ehefrau: die italienische Comtessa di Girfalco. Welles war der jungen Schauspielerin in Rom begegnet. In einem italienischen Liebesfilm hatte sie auf charmante Art Errol Flynn betört. Welles war sehr angetan von ihrer Ausstrahlung und bot ihr eine Hauptrolle an in seinem neuen Film; unter ihrem Künstlernamen Paola Mori spielt sie Arkadins Tochter Raina. Am 8. Mai 1955 schließen der Regisseur und seine adelige Hauptdarstellerin in London den Bund fürs Leben – zwei Tage nach Welles' vierzigstem Geburtstag.

Welles' Film *Mr. Arkadin* wird insbesondere von den vehementen Anhängern der Autorentheorie wie Eric Rohmer und François Truffaut als großes Meisterwerk gefeiert. In ihren Augen ist Arkadin eine

Der Bösewicht: Welles in der Titelrolle von «Mr. Arkadin», 1955...

...und der Familienvater: mit seiner dritten Ehefrau Paola Mori

Hank Quinlan ähnliche Gestalt von tragischen Ausmaßen: er sei Gott Neptun, «ein grausamer und doch gerechter Gott»[146] in einem «hinreißenden Film [...] voll von Lyrik und Erfindung»[147].

Daß wir es mit dem Idealfall von Autorenschaft im Bereich des Kinos zu tun haben könnten – der Vorspann von *Mr. Arkadin* immerhin läßt diesen Eindruck entstehen: Welles inszeniert nach eigenem Roman und Drehbuch einen Film mit sich selbst in der Titelrolle und zeichnet verantwortlich für Ausstattung und Kostüme, und er ist sogar Produzent. Tatsächlich ist er aber weder der einzige Produzent noch derjenige mit der von ihm angestrebten Entscheidungsgewalt. Mit Rücksicht auf seine Geldgeber ist er gezwungen, neben einer englischen eine spanische Fassung des Films (teilweise mit anderen Schauspielern und Technikern) herzustellen; solche für Welles ungewohnten Produktionsbedingungen sorgen für Verwirrung im Filmteam und kosten mehr Zeit und Geld als geplant. Vor allem aber ist es die zeitraubende Sorgfalt, die Welles nach achtmonatiger Drehzeit der Arbeit am Schneidetisch angedeihen läßt, die dazu führt, daß ein ungeduldiger französischer Produzent dem Regisseur die Montage aus der Hand nehmen kann – es ist ausgerechnet Welles' enger Vertrauter und politischer Ratgeber Louis Dolivet. Einmal mehr fühlt sich Orson Welles von einem Freund verraten, und er wird von seinem amerikanischen Schicksal in Europa eingeholt: *Sie zerstörten mein Werk, schlimmer als es je einer mit einem Film von mir getan hätte [...]. Ambersons sind nichts verglichen mit Arkadin [...] sie verhunzten die beste Kinogeschichte, die ich mir jemals ausgedacht habe.*[148]

Um nach *Othello* einen Film in vergleichsweise kurzer Zeit herstellen zu können, hatte Welles mehr als auf das eigene Geld auf das Kapital anonymer Investoren aus der Schweiz gesetzt, die allzubald ihre Anlagen vervielfacht sehen wollten; er hatte hoch gepokert und – aus seiner Sicht – verloren.[149] Er wird auch künftig beide Wege gehen, den der Fremd- wie den der Eigenfinanzierung, um Filme zu realisieren, von denen er hofft, daß sie weitgehend seinen Vorstellungen entsprechen mögen.

Während der Montagephase von *Touch of Evil* wird sich die Serie demütigender Niederlagen in der Auseinandersetzung mit Produzenten um die endgültige Fassung eines Films fortsetzen; dennoch zögert Welles keinen Moment, als er 1959 ein Angebot zur Regie aus Frankreich erhält. Verlockend ist es allemal, da ihm die Produzenten Michael und Alexander Salkind eine Auswahlliste möglicher Literaturverfilmungen vorlegen. Welles entscheidet sich für Franz Kafkas Roman «Der Prozeß» – allerdings ohne *wirkliche Sympathie für Kafka*[150]. Als die Dreharbeiten im März 1962 mit kleinem Staraufgebot beginnen, erweisen sich die Mittel der Salkinds bereits als weitgehend erschöpft.

Anthony Perkins und Romy Schneider in «Le Procès», 1962

Das Geld zum Bau der sorgfältig geplanten Filmausstattung fehlt, gedreht wird daher in der gespenstischen Kulisse von Zagrebs Vorstädten und im viktorianischen Ambiente des Pariser Gare d'Orsay. In nahezu allen Bereichen der Produktion stellen sich Schwierigkeiten ein, doch einem unverdrossenen Welles gelingt es diesmal, weitgehende Kontrolle zu behalten bis hin zu der für ihn in künstlerischer Hinsicht überaus bedeutsamen Arbeit am Schneidetisch. Welles dreht wie besessen fast rund um die Uhr (nach Vorbild der Marathon-Proben am Mercury Theatre, bevor die Gewerkschaft solcher Praxis Einhalt gebot), und so kann Le Procès wider Erwarten vieler Beteiligter fertiggestellt werden – zwar nicht als überzeugende Romanadaption, wie es Verehrer von Kafkas Werk erhofft hatten, wohl aber als ein weiteres sehenswertes Welles-Opus.

Welles' Filme nach Dramen Shakespeares hatten an Qualität gewonnen in einem Maße, in dem sich der Regisseur zu lösen vermochte von dem Anspruch möglichst vorlagengetreuer Literaturverfilmungen; warum also sollte er anders verfahren in seiner Annäherung an eines der schwierigsten, vielschichtigsten Werke epischer Weltliteratur? Die 1914/15 entstandene Parabel vom Prokuristen Josef K., der, «ohne daß

er etwas Böses getan hätte»[151], eines Morgens verhaftet und in einem
für ihn völlig undurchsichtigen Gerichtsverfahren zum Tode verurteilt
wird, dient Welles vorrangig als Quelle zur Inspiration und Interpretation. Und zwar s e i n e r Interpretation, so daß ihn das Urteil der zeitgenössischen Kritik, die Transponierung der komplexen Sprach- und
Bedeutungsstruktur von Kafkas Erzählkunst sei mißlungen, kaum treffen kann.

Wer in der Untersuchung, der sich Kafkas unschuldig-schuldiger
Held unterziehen muß, überwiegend innere Vorgänge, Gewissensar-
beit erblickt – tiefenpsychologisch verstanden, existentialistisch oder
auch religiös –, der mag es wohl bedauern, daß Welles sich wenig an solcherart Innenschau interessiert zeigt. Sein «Prozeß» schildert den tragischen Konflikt zwischen Individuum und moderner Gesellschaft. Das
Gesetz, das Gericht sind für ihn reale Instanzen einer im Wandel zur
Anonymität und Skrupellosigkeit außer Kontrolle geratenen Staatsräson. In deren Herrschaftsbereich wird Josef K. das zum Untergang ver-
dammte Individuum, verkörpert durch Anthony Perkins in einer ihm
eigenen hypernervös-sensiblen Manier. Welles versteht Josef K. als mit-
schuldigen Teil des Systems, als *kleinen Bürokraten [...], der mit einer
verbrecherischen Gesellschaft kollaboriert*[152].

K.s Welt trägt in Welles' Gestaltung noch Züge der donaumonarchi-
schen Beamtenhierarchie, wie Kafka sie kannte, aber auch Merkmale
totalitärer Regime faschistischer und stalinistischer Prägung, und am
Ende erheben sich über dem ins Nichts gesprengten K. die Konturen
eines Atompilzes. Welles folgt darin Bertolt Brechts politischer Deutung von Kafkas Werk als Vision der «kommenden Konzentrations-
lager» und «Verabsolutierung des Staatsapparats».[153] Die Allgegenwart
des Gerichts, dem jegliches definierbare Zentrum fehlt, kennt keine
verantwortlich zu machenden Größen wie Kane, Arkadin oder Shakespeares Könige; allenfalls der von Welles dargestellte Anwalt Hastler
erinnert an die Tradition der überhöht gezeichneten personalen Re-
präsentanz von Herrschaft. Weniger an der Figurenkonstellation als am
stilistischen Einfallsreichtum läßt sich daher die Autorenschaft Welles'
am *Procès* erkennen; einzelne Szenen, die K.s Erniedrigtwerden, die
Vergeblichkeit seiner Fluchtversuche suggerieren, muten gelegentlich
an wie Zitate aus *Citizen Kane* und «The Third Man».

Der von Welles entworfene Lebensraum K.s evoziert zwar Erinnerun-
gen an Realpolitik bis hin zum Holocaust; mit einem konkreten Gesell-
schaftsmodell jedoch soll er offensichtlich nicht identifiziert werden.
Architektur, expressive Perspektivik, Licht- und Schatten-Optik model-
lieren eine surreale Landschaft vollkommener wie selbstverständlich
gewordener Bedrohnis allem und jedermann gegenüber, denn die zu er-
zählende Geschichte folge *der Logik eines Traums, eines Alptraums [...]*

über ein Labyrinth [...] ohne Ausweg [154]. So gesehen wirkt Welles' Film durchaus wie der Versuch, Innenleben zu durchleuchten – jedoch nicht das des Helden, sondern das eines zur seelenlosen Bürokratie verkommenen Gemeinwesens. Zu einer Zeit, als niemand die politischen Gefahren durch Datennetze beherrschende Systeme wie Bill Gates' «Microsoft» auch nur erahnen konnte, sieht ein prophetischer Welles die Demokratie weltweit am Ende, wenn keiner mehr deren wahre Feinde erkenne: *Wir müssen uns vor den Computern fürchten, vor der Bürokratie mehr als vor einem Duce, einem Führer oder Caesar!* [155]

Daß Welles' «Prozeß»-Adaption in den als erschreckend hohl entlarvten Gesellschaftsraum einen Helden stellt, der sich von ruchlosen Frauen angezogen fühlt und darauf stets mit Schuldgefühlen reagiert, wirkt allerdings fast so absurd, als stamme der Einfall von Kafka. Von ihm übernimmt Welles die Methode, durch Verfremdung der Realität das Ausmaß der Entfremdung ihr gegenüber offenbar werden zu lassen – womit sich der eigentümliche Eindruck erklären ließe, Welles' *Procès* habe zugleich wenig und viel mit Kafka zu tun. Verblüffender als dieser Welles-Zaubertrick ist allein Woody Allens Kunststück «Shadows and Fog»: Allen gelingt es, Kafka zu verfilmen o h n e Kafka-Vorlage.

1992 wird der «Prozeß» erneut verfilmt: die aufgewendete Mühe des Szenaristen Harold Pinter um Worttreue läßt manchen Kritiker nunmehr mit Wehmut an Welles' freizügigen Kafka-Umgang denken und seine «tiefgründige psychologische Analyse» [156].

Tausendundein Film

Da man mich den Film nach eigenem Stoff nicht machen ließ, wählte ich Kafka, erklärte Welles 1965 die Entstehung jener Auftragsarbeit, mit der er durchaus zufrieden ist, *der beste Film, den ich je gemacht habe.* [157] Den Glauben daran, Filme in völliger Unabhängigkeit realisieren zu können, wird er dennoch niemals aufgeben, selbst wenn allein die Drehzeit für einen Film jenes Quantum an Jahren, in denen *Othello* entstand, um ein Vielfaches übertreffen sollte.

1955 beginnt sein Versuch, Miguel de Cervantes' Roman «Don Quixote» *ohne jegliche Einmischung von außen* [158] – weitgehend improvisierend – zu verfilmen. Wie Ritter Falstaff kämpft auch der Ritter von der traurigen Gestalt für den Erhalt einer zwar besseren, aber vollkommen überlebten Welt. Welles interessierte sich stets für Geschöpfe der Dichtung, die *anfangen, ihr eigenes Leben zu leben und den Autor gegen seinen Willen zu führen* [159]. Falstaff und Quixote zählen gewiß dazu – wie Welles umgekehrt zu den Autoren gehört, denen die Geschöpfe

111

Mischa Auer und Akim Tamiroff als Ritter de la Mancha
und Schildknappe Sancho Pansa in «Don Quixote»

außer Kontrolle geraten. Im Unterschied aber zu Falstaff geht Don Quixote einen ungewöhnlich langen Weg – einen zu langen Weg, wie sich schließlich erweisen wird.

Nach ersten Probeaufnahmen zu *Don Quixote* in Frankreich setzt Welles die Arbeit mit vielen Unterbrechungen fort in Mexiko, Italien und zuletzt in Spanien. Zehn Jahre nach Drehbeginn sind zwei Drittel des Films aufgenommen. Zuletzt ab 1982 ist Welles intensiv bemüht, die Donquichotterie zu Ende zu bringen; seine beiden Darsteller zeitloser Hauptrollen sind längst verstorben, und er selbst spricht ihre Dialoge in einem Film nach mittlerweile völlig veränderter Konzeption. Die ursprünglichen Spielfilmteile sollen nunmehr integriert werden in einen Kinoessay über das Spanien – wie es Welles erlebte – vor und nach der Franco-Diktatur. Die eigentliche Vorlage scheint dem Kinonarren aus dem Blickfeld zu geraten – oder nähert er sich vielleicht der verschachtelten Erzähltechnik Cervantes' und den verschiedenen Wahrnehmungsebenen seines närrisch-klugen Helden?

Mit den Veränderungen der Inhalte korrespondieren solche der Methoden im Verlauf der langwierigen Filmherstellung. Hatte ein filmtechnisch unsicherer Welles seinen Erstling noch vollständig «in die Kamera geschnitten», das heißt, nach dem Vorbild John Fords exakt so montiert, wie er aufgenommen worden war, so tendiert Welles später – unter tatsächlich oder vermeintlich freieren Arbeitsbedingungen – dazu, den Vorgang umzukehren und nach Erstellung von Rohmaterial den eigentlichen kreativen Prozeß in den Schneideraum zu verlagern. Wird ihm nun die Endmontage aus den Händen gerissen, muß dies zwangsläufig den Hauptnerv des gewandelten Künstlers treffen; andererseits erahnen wir, wie sehr es Welles genossen haben muß, wenn er – selten genug – am Schneidetisch frei über die Bewegungen seines Grundstoffes verfügen und ihnen einen eigenen Rhythmus geben durfte – zumal für ihn *die wahre Form eines Films musikalisch ist*[160]. Nur in der Phase der Montage kann Welles wieder experimentieren, ohne sich unter Zeitdruck setzen lassen zu müssen; und daher nimmt er sich viel Zeit, seine Werke zu vollenden – Monate nur wie bei der Verfilmung des «Prozeß», unbestimmte Maßeinheiten wie im Extremfall *Don Quixote*. Fünfzehn Jahre sind seit Drehbeginn vergangen, als Welles einen neuen Titel für seinen Film findet: *When Are You Going to Finish Don Quixote?*[161] Nach fünfzehn weiteren Jahren erst endet das Projekt endgültig – durch Welles' Tod.[162]

Dabei vermag Orson Welles durchaus rascher zu arbeiten als sein effektiverer Kollege Alfred Hitchcock, und er würde die Anzahl von fünfzig Filmen in dessen Lebenswerk vermutlich noch übertroffen haben, hätte er sich in Hollywood und Europa so arrangieren können und disziplinieren lassen wie der Meister des Suspense. Welles' Gesamtwerk von dreizehn Filmen ist umgeben von einer Vielzahl nicht realisierter Pläne und nicht fertiggestellter Arbeiten. In ein *Don Quixote* vergleichbares Endstadium gelangen allerdings nur noch zwei Projekte.

Auf einer Yacht nahe der jugoslawischen Küste inszeniert Welles Ende der sechziger Jahre das unaufwendige Kammerspiel *The Deep*: Ein Hochzeitspaar auf Segeltour rettet einen Schiffbrüchigen (Laurence Harvey), der die bisherige Idylle an Bord in lebensbedrohlicher Weise beenden wird. Figuren- und Konfliktkonstellation dieser Verfilmung von Charles Williams Kriminalroman «Dead Calm» gleichen Roman Polanskis frühem Meisterwerk «Das Messer im Wasser»; anders als Polanski aber setzt Welles eher auf vordergründige Spannung. Die Dreharbeiten sind abgeschlossen, als Hauptdarsteller Harvey stirbt. Auf dessen Tod wird Welles verweisen, wenn man ihn fragt, warum er *The Deep* nicht beendet habe. In Welles' 1994 gesichtetem Nachlaß wird jedoch eine vollständige Arbeitskopie von *The Deep* ent-

Männerfreundschaft: Welles und seine Kollegen John Huston (links) und Peter Bogdanovich während der Dreharbeiten zu «The Other Side of the Wind», 1974

deckt. Der Montagevirtuose und exzellente Synchronsprecher hätte den Film also fertigstellen können. Wenn er es dennoch nicht tat, so liegt die Vermutung nahe, daß Welles zuwenig überzeugt war von der Qualität seines Thriller-Materials.

Ein ganz anderes Schicksal wiederum soll *The Other Side of the Wind* (ursprünglicher Titel: *Dream*) erfahren, eine 1970 bis 1976 nach einem immer wieder revidierten Szenario gedrehte Satire. In diesem Film bemüht sich ein alternder Kinoregisseur, sein Gesamtwerk mit einem letzten Opus, einer letzten Szene nur noch, zu vollenden; was ihm zu tun bleibt, ist Geld dafür aufzubringen – in Hollywood. *Nicht eine Erzählung, sondern eine Abfolge von Eindrücken wird geboten*, so erklärt Welles die komplexe Dramaturgie eines überaus ehrgeizigen Projektes, das sich seinem Erstling – davon ist er überzeugt – als ebenbürtig erweisen werde.[163] Freunde und Kollegen, seine Biographen, seine Kritiker gar vereinigt Welles zu einem ungewöhnlichen Darstellerteam in einem ungewöhnlichen Lichtspiel über die wohl schwierigste aller Künste, das Filmemachen: unter ihnen Peter Bogdanovich, Henry Jaglom, Claude Chabrol, Susan Strasberg, Joseph McBride, Dennis Hopper, Lilli Palmer und in der Hauptrolle John Huston als Regisseur Jake

Hannaford (einer biographischen Mixtur aus Kinoveteran Rex Ingrim, Ernest Hemingway und Orson Welles[164]).

Zu einem Sonderfall unter Welles' Werken wird *The Other Side of the Wind* durch das Verhalten seiner Mitfinanziers. Tatsächlich beendet Welles die Dreharbeiten, und er stellt einen Rohschnitt her – unter anderem mit iranischem Kapital. Nach dem Sturz des Schahregimes jedoch beschlagnahmen die neuen Machthaber das gesamte Material und halten es unter Verschluß – angeblich in einem Pariser Tresor. Welles bleibt es nicht erspart, das im Film thematisierte Martyrium eines eigenwilligen Regisseurs bis zu seinem Lebensende in grotesker Form zu erleiden. Noch ein Jahrzehnt nach Welles' Tod hoffen seine Erben, Spuren zu entdecken von der Identitätssuche einer Kinolegende, von deren «Geheimnis» womöglich, doch alle Bemühungen, *The Other Side of the Wind* irgendwo in der Welt aufzufinden, waren bislang vergebens.

Ende der sechziger, Anfang der siebziger Jahre hatten die Kritiker Charles Higham und Pauline Kael in vielbeachteten Artikeln behauptet, für die Fülle unfertiger Welles-Werke sei allein der Exzentriker Welles verantwortlich, denn nach früher Vollendung habe er sich nicht mehr an *Citizen Kane* messen lassen wollen und können; wenn man überhaupt von «Vollendung» sprechen dürfe, denn recht eigentlich – so polemisiert Kael gegen Welles – sei doch *Citizen Kane* das Werk seines Szenaristen Mankiewicz.[165] Welles reflektiert das ihn zutiefst verletzende Gebaren der Kritiker[166] in der Handlung eines Films, dessen Fertigstellung einer Fortsetzung der rufschädigenden Anwürfe jegliche Grundlage entziehen mußte – wie er zu hoffen wagt. Daher sollte *The Other Side of the Wind* eigentlich Mitte der siebziger Jahre die Leinwand erobern und zusammen mit den ebenfalls beendeten Kinowerken *The Deep* und *F for Fake* sowie der Veröffentlichung eines umfangreichen Interview-Bandes helfen, Welles' Comeback in Hollywood vorzubereiten – mit tatkräftiger Unterstützung von Peter Bogdanovich, dessen Beziehung zu Welles nach McBrides Worten «kräftige Falstaff-Hal-Obertöne aufweist»[167]. Doch selbst dem damaligen Starregisseur gelingt es keineswegs, zwischen Hollywoods Chefetagen und Orson Welles erfolgreich zu vermitteln. Seine mit Welles in den Jahren 1969 bis 1975 geführten Gespräche gehören zu den aufschlußreichsten der Filmgeschichte – doch sie erscheinen erst zwei Jahrzehnte später, und in die Kinos gelangt damals allein *F for Fake* – in Europa, denn in den USA findet dieses Filmexperiment zunächst keinen Verleih.

Welles wird also zum Opfer einer sich selbst erfüllenden Prophezeiung: jedermann könne sehen, so wird in Los Angeles kolportiert, daß «Crazy Welles», das verrückte Genie, nichts fertigbringe, also müsse man ihm auch keine Regieaufträge mehr erteilen. *F for Fake* ist somit

Welles' letzter abgeschlossener und aufgeführter Kinofilm, womit er zwangsläufig den Charakter eines Vermächtnisses erhält. *F for Fake*, 1974 überwiegend auf Ibiza entstanden, ist ein brillanter Essay über das Wechselspiel von Kunst, Geld, Originalität und Bluff. In seinem Mittelpunkt stehen drei reale, berühmte Kunstfälscher und/oder Künstler (je nach Sicht): der Maler Elmyr de Hory, der Autor Clifford Irving und der Ton-Bild-Illusionist Orson Welles. De Hory gelingt es zwei Jahrzehnte lang, mit perfekten Fälschungen von Werken Modiglianis, Braques oder Matisse', Kunstexperten in aller Welt zu narren. Irving wird berühmt durch gestohlene Lebensentwürfe: eine vielleicht echte Biographie über de Hory und eine gewiß gute, aber gefälschte über den geheimnisumwitterten Milliardär und letzten RKO-Präsidenten Howard Hughes, das ursprüngliche – durch Hearst ersetzte – Vorbild für Kane. Welles wiederum bekennt, sein Publikum seit dem siebten Lebensjahr als Zauberkünstler zu täuschen, er foppte irische Bühnenprofis, amerikanische Radiohörer und führt womöglich – Vorsicht also – die Betrachter dieses Films hinters Licht.[168] Gemeinsam ist den drei genialen Kunstproduzenten die unverhohlene Freude am Spiel mit denen, die betrogen werden wollen, wie am Spiel mit dem Schicksal, das sie und ihre Fähigkeiten mal fürstlich belohnt, mal mit Bestrafung oder Mißachtung bedroht.[169] Unterschiede bleiben freilich nicht ausgeblendet – unverkennbar ist Welles' schmerzliche Bewunderung für den leichtfüßigen Elmyr de Hory, den *talentierten Mann, der all jenen das Geld aus der Tasche zieht, die ihn einmal abgelehnt hatten*[170], und der, nach lebenslanger Flucht endlich seßhaft geworden, Meisterwerke schafft in einer Zeit von nicht mehr als zwei Minuten!

In der eigentümlichen Verbindung äußerst heterogener Filmgattungen und -materialien zeigt sich die Verwandtschaft von *F for Fake* mit der Dramaturgie des *Don Quixote*, aber auch zu den vor beziehungsweise nach *F for Fake* entstandenen Fernsehfilmen *Portrait of Gina* (1958) und *Filming «Othello»* (1977/78) – wie auch zu *War of the Worlds* und anderen Welles-Radioshows. Dokumentierte und inszenierte Auftritte de Horys und Irvings, gedreht vom Dokumentarfilmer François Reichenbach und von Welles, Aufnahmen von Dreharbeiten zu *F for Fake*, Szenen über Hughes aus «March of the Time», die so echt oder falsch wirken wie diejenigen über Kane in *News on the March* – all dies und weiteres Material aus fremder wie eigener Hand zerlegt Welles in kleinste Bild- und Ton-Puzzleteile, um sie in monatelanger Arbeit am Schneidetisch wieder zusammenzufügen zu einem neuen Ganzen, in dem Gegenstand und Präsentationsform eins werden. *F for Fake* – ein Meisterwerk der Montagetechnik oder etwa nur perfekt gemachte, aber doch perfide Zuschauermanipulation? Welles, der Erzähler und Selbstdarsteller, allwissend und allgegenwärtig wie der Schwindler Arkadin, treibt mit seinen Zuschauern wohl böse Scherze, letztlich jedoch nicht in der Absicht, seine Macht über sie zu behaupten, sondern eben diese augenzwinkernd in Frage zu stellen: Glaubt sowenig wie den Kunstexperten den Manipulateuren der modernen Medien – allenfalls denen, die sich dazu bekennen, Scharlatane zu sein!

Zum Schluß und Höhepunkt seines aufklärenden Illusionsprogramms präsentiert *der höchstbezahlte Zauberer der Geschichte*[171] Oja Kodar – die Frau, die den ermatteten Picasso zu einer vielgerühmten neuen Periode von zweiundzwanzig Werken mit Kodar-Motiven inspiriert habe. Des Malers große Muse wird Oja Kodar in Wirklichkeit nicht. Aber sie hätte es werden können, so versichert uns der Erzähler Orson Welles durchaus glaubhaft, zumal wir ja Picassos Wort hören und verstehen, *Kunst sei eine Lüge, die uns die Wahrheit begreifen läßt*[172]. Wahr ist, daß Oja Kodar die Muse eines anderen Künstlers wird, die des Orson Welles.

Welles lernt die Kroatin Olga Palinkas alias Oja Kodar während der Dreharbeiten zu *Le Procès* in Zagreb kennen. Die Wiederbegegnung wenige Jahre später in Paris (sie studiert Bildhauerei; er inszeniert *Une Histoire Immortelle*) wird Welles' ohnehin wechselvolles Leben gründlich verändern – wobei sich gerade seine Freundschaft zur sechsund-

Orson Welles und Oja Kodar in «F for Fake», 1973

zwanzig Jahre jüngeren Oja als dauerhaft erweisen soll. Gleichwohl denkt er keineswegs daran, sich von Paola Mori zu trennen, was nicht eben dazu beiträgt, sein Ansehen im puritanischen Amerika zu verbessern.

Oja Kodar wird zur Mitarbeiterin an allen weiteren Projekten Welles', und ihr innovativer Einfluß auf dessen letzte, immerhin zwei Jahrzehnte dauernde Schaffensperiode mit ihrer «dramatischen Wende zur Privatheit»[173] kann gar nicht hoch genug eingeschätzt werden. Kodar arbeitet als Darstellerin wie in *F for Fake*, sie ist Autorin und Koautorin vieler Szenarien, Produktionsassistentin und Koregisseurin. Schließlich wird sie zur Nachlaßverwalterin und in dieser Funktion überaus rege im Bemühen, Welles' Werke zu erhalten, zu rekonstruieren oder endlich uraufzuführen. In der 1994/95 entstandenen Dokumentation «Orson Welles – The One-Man Band» überzeugt uns eine auskunftsfreudige Oja Kodar davon, welche Herausforderung es bedeuten muß, den ihr überantworteten umfangreichen Nachlaß[174] auszuwerten im Sinne einer «posthumen Erkundung von Welles' später filmischer Vision»[175].

Ich war ein wenig angelsächsisch in meiner Vorliebe für Männerfreundschaften, bekennt Welles, als er sechzig wird; doch nun habe er entdeckt, daß Männer Frauen brauchen, um nicht der Barbarei zu verfallen.[176] Mehr noch als seine Ehefrauen und Töchter wird ihn Oja Kodar vor dieser Gefahr bewahrt haben, möglicherweise die einzige Frau in seinem Leben, die er als gleichberechtigt akzeptiert.[177]

F for Fake wird noch beherrscht von Männerfreundschaften und sexistischen Blicken auf die Frau als Objekt, auf Oja Kodar, die erst beginnt, sich in die Tätigkeiten eines patriarchalen Regisseurs einzumischen. Während der gemeinsamen Arbeit am Drehbuch zu *The Other Side of the Wind* gelingt es ihr, Welles zu ermutigen, sich bislang tabuisierten Bereichen zu öffnen (so lenkt sie den Blick auf die latente Homosexualität Hannafords) und Erotik in für ihn ungewohnter Weise zu betrachten.[178] In nicht gekanntem Maße beginnt Welles, sich für Schichten weit hinter dem öffentlichen Erscheinungsbild seiner männlichen Helden zu interessieren. Solche Schwerpunktverlagerung zeigt sich in den seit Ende der siebziger Jahre entstandenen Kinoszenarien besonders deutlich – vor allem diese Veränderung ist es, die neben den selbstgesetzten künstlerischen Maßstäben dazu beiträgt, daß Welles der zu Anfang der achtziger Jahre als gesichert angenommene Rückweg nach Hollywood weiterhin versperrt bleibt.

Das gemeinsam mit Kodar verfaßte Szenario *The Big Brass Ring* variiert Welles' Thema von nationaler Hybris am Beispiel des konfliktreichen Verhältnisses zweier politisch engagierter Männer im korrupten Klima der Ära nach Nixons Watergate-Affäre, wobei auch der homoerotische Aspekt dieser Männerfreundschaft beleuchtet wird. Dank

Regisseur Henry Jaglom, wie einst Bogdanovich ein unermüdlicher Förderer des bewunderten Altmeisters, rückt eine Verfilmung dieses Originalstoffs in greifbare Nähe. Ein Produzent will acht Millionen Dollar investieren, falls dem Darsteller Welles ein kassenträchtiger Star in der zweiten Hauptrolle (*als eine Art Hamlet*[179]) an die Seite gestellt werden kann. Nacheinander werden junge Hollywood-Größen angesprochen: Jack Nicholson, Clint Eastwood, Robert Redford... alle lehnen ab; dem einen ist die Gage (von zwei Millionen Dollar) zu gering, der andere möchte nicht mit den politischen, ein weiterer nicht mit den erotischen Neigungen der Rolle identifiziert werden; und der letzte Anwärter, Warren Beatty, möchte seinen Ruf als ein neuer Orson Welles wahren und fordert Verfügungsgewalt in bezug auf Produktion, Rolle und Montage.[180] Der alte – echte – Orson Welles lehnt ein solches Ansinnen ab. Erst kürzlich hatte er dem neuen Wunderknaben einen Preis zugeeignet für dessen Talent, im Hollywood von heute Filme drehen zu können vom Format eines *Citizen Kane*.[181]

Ein hochsensibler Ideenproduzent, der nicht nachläßt, den Blick zu richten auf die Schwachstellen amerikanischen Politikverständnisses – wie sollte er jemals noch Gastrecht erhalten können in jener Institution, die vornehmlich von der Pflege ihres Mottos existiert: «Wenn die Legende Wahrheit wird, veröffentlicht die Legende!»[182] 1984 bereitet Hollywood tatsächlich einen Film über den Mythos Orson Welles vor, über den jungen Regisseur von einst und dessen rebellischste Theaterinszenierung *The Cradle Will Rock*. (Bereits zehn Jahre zuvor hatte CBS – als Fernsehsender – einen Film über Welles' panikerregende Hörspielproduktion inszeniert.) Welles wittert erneut die Chance zur Heimkehr in die Filmmetropole; es gelingt ihm, das gesamte Projekt einschließlich der Regie an sich zu ziehen. Er schreibt ein neues Drehbuch, in dem er nostalgisch zurückschaut auf die Jahre der Depression, auf das gefeierte Theater- und Radiogenie und dessen gespannte Beziehung zu Virginia Nicolson, ohne allerdings auf (selbst-)kritische Untertöne zu verzichten. Nur drei Wochen sind es noch bis Drehbeginn, als ein erfolgversprechendes, bereits hochdotiertes Unternehmen zum Scheitern verurteilt wird: Finanzhändler hatten an der Spekulationsbörse Traumfabrik viel Geld auf Welles gesetzt, doch in letzter Minute widerrufen sie ihre Zusagen. Sicherer als bei Welles glauben sie ihre Dollar anlegen zu können bei jungen und reüssierenden Filmemachern wie George Lucas und Steven Spielberg und deren Vorhaben zur Fortsetzung der Kinoabenteuer des Indiana Jones auf der Jagd nach den verlorenen Schätzen.

Welles hatte die Filmrolle der Virginia Nicolson in *The Cradle Will Rock* mit Amy Irving besetzen lassen, in der Hoffnung, deren Ehemann Steven Spielberg würde sich – im Notfall – an der Finanzierung dieses

Projekts beteiligen[183] – vergeblich. Auf einer Auktion hatte der Welles-Verehrer Spielberg kurz zuvor den *Rosebud*-Schlitten aus *Citizen Kane* für 55000 Dollar erstanden – für Spielberg das Symbol «für künstlerische Qualität im Kino. Betrachtet man den Schlitten, denkt man nicht länger an schnelles Geld, hastige Serien und Remakes».[184] Vielleicht hätte Welles dem finanziell erfolgreichsten Kinotalent aller Zeiten niemals mitteilen dürfen, daß der stolz ersteigerte Schlitten garantiert eine Fälschung sei...

Welles muß also wiederholt schwerste Demütigungen erfahren, sei es, weil der Chronist und Analytiker amerikanischer Megalomanie die eigenen Möglichkeiten im Hollywoodsystem überschätzt, sei es, weil er dessen Metamorphosen im ewigen Überlebenskampf nicht bewußt genug wahrgenommen hat; jene Veränderungen nämlich, in deren Verlauf die geradezu übersichtliche Herrschaft autoritärer Studiobosse ersetzt wird durch eine Kosten-Risiko-Spirale, die in ihrer Eigendynamik immer wieder glauben macht, der Erfolg eines Lichtspiels hänge ab von der Höhe des eingesetzten Kapitals. Die Gage eines neuen Hollywoodstars für einen einzigen Filmauftritt wird noch im Laufe der achtziger Jahre die Summe der Produktionskosten aller Orson-Welles-Filme weit übertreffen.

Wie Jake Hannaford wird Welles gegen alle Widrigkeiten weiterhin danach trachten, einen – letzten – Film zu drehen, der sein Publikum erreicht. Wenn dies nicht in Hollywood sein kann, vielleicht im Fernsehstudio; wenn nicht dort, dann allein mit seinem Freund und Kameramann Gary Graver in einem leeren Raum in Chicago, Madrid oder Paris – so wie in Welles' letztem Versuch, die hintergründige Geschichte vom einsamen Waljäger Ahab zu verfilmen: Graver sorgt für Licht, Ton und Bild, Welles wird zum Erzähler und Darsteller sämtlicher Rollen in *Moby Dick* (1971), einer szenischen Lesung des Melville-Epos. Welles, stets eine Handkamera und einen mobilen Schneidetisch im Reisegepäck, eilt um die Welt auf der Suche nach Orten, wo man ihn träumen läßt. Ein berühmter Satz von ihm wird seltsam zweideutig: *Der Film kennt keine Grenzen, er ist ein Band aus Träumen.*[185]

Leinwand oder Bildschirm?

Als Welles 1954 in der Rolle des Lear im Fernsehen debütiert, hegt der Shakespeare-Interpret große Hoffnungen, die gegenüber Mikrofon und Kinoleinwand noch bedeutendere Multiplikatorfunktion des neuen Mediums künstlerisch nutzen zu können. Nicht lange gibt er sich solchen Illusionen hin – denn aufgrund der Eigenschaft, die Wirklichkeit möglichst getreu abzubilden, so beklagt Welles bald, verzichte das Fernsehen darauf, sein Publikum herauszufordern, das heißt, es an einem Ereignis zu beteiligen in der Weise, wie es das Theater zu tun pflegt, indem es sein Publikum *Teil der Aufführung werden läßt*; im Unterschied auch zum Kinobesucher sei der Fernsehzuschauer anderweitig beschäftigt – *der Apparat läuft wie nebenher*[186]. Solche Bestimmung der Medienmerkmale läßt verstehen, warum Welles zwei Jahrzehnte darauf verzichtet, die künstlerisch-innovativen Möglichkeiten des Massenmediums so auszuloten – also anzuwenden, weiterzuentwickeln oder gar zu verändern –, wie er dies einst wagte in den Studios von Rundfunk und Kinoindustrie. Daß auch die Fernsehkamera mehr leisten kann, als Theater abzufilmen, zu solcher Einsicht war Welles bereits als Bildschirm-Lear gelangt – aber wieviel mehr wohl vermochte sie zu leisten? Dieser Frage geht Welles in der Entstehungszeit von *F for Fake* genauer nach, mit besonderem Eifer indes erst sehr spät – 1985 –, und zwar erneut als König Lear, zu einer Zeit, als Videotechnik beginnt, traditionelle Fernsehdramaturgie zu modifizieren. Solchen Wandlungen gegenüber zeigt sich Welles aufgeschlossen, doch sie zu nutzen, bleibt ihm nicht die Zeit.

Was immer ihm das Fernsehen zuletzt bedeuten mag, es hilft ihm, viele Jahre des filmkünstlerischen Leerlaufs zu überbrücken; und sehr wohl versteht es Welles, aus der von ihm so empfundenen medienspezifischen Not mehr oder weniger erfolgreich Tugenden zu machen. So bemüht er sich etwa in seinen zahlreichen Features, das Schwinden der Aufmerksamkeit seiner Zuschauer aufzuhalten durch außergewöhnliche Rasanz in Bild- und Ton-Montage; ein Fernsehfilm wie *Portrait of Gina* demonstriert diese Überbetonung von «Schnelligkeit»[187], die das damalige, noch nicht durch Computerspiele konditionierte Publikum allerdings überfordern muß. Die seinerzeit gewonnenen Erfahrungen in bezug auf den Zusammenhang von Erzähltempo, -rhythmus und Rezeptionsfähigkeit wird der Regisseur von *F for Fake* überaus fruchtbar verarbeiten können.

Des weiteren versucht Welles gelegentlich, Fernseh- und Kinodramaturgie miteinander zu verbinden – entweder in der Absicht, vom Fernsehen produzierte Filme vorrangig im Kino einzusetzen *(Une Histoire Immortelle)*, oder im Bestreben, Kinofilme mittels Bildschirmtechnologie zu bereichern, gleichwohl ihre Herstellung erheblich zu erleichtern – beispielhaft hierfür Welles' Experimente im Bereich des Filmessays: *F for Fake* und *Filming «Othello»*.[188] Und drittens läßt Welles nichts unversucht, die Programmpalette des Fernsehens zu erschließen als eine weitere Quelle zur Finanzierung seiner zahlreichen Kinoprojekte. In den Jahren 1967 bis 1971 tritt Welles immer wieder auf als «living celebrity» in Talkshows, der sehr populären Neuerung jener

Zeit. In den von Dean Martin oder Dick Cavett moderierten Shows nimmt er engagiert Stellung zur Tagespolitik, verblüfft als Magier oder singt gar ein Lied mit Gene Kelly, plaudert über Gott und den Mythos Welles, nicht ohne die eine oder andere Shakespeare-Rezitation auszulassen. Die lukrativsten Angebote allerdings offeriert das Werbefernsehen, wobei Welles – anders als in seiner Rundfunkzeit – nicht Literatur zu präsentieren hat zwischen der Reklame für Produkte, sondern allein die Produkte selbst. Als er zu Beginn der siebziger Jahre in den USA an *The Other Side of the Wind* arbeitet, erhält er fast täglich Angebote, als Orson Welles für Cornflakes, Whiskey oder Weine zu werben. Ein Jahreseinkommen von mehreren 100000 Dollar wird ihm so gesichert[189], womit sich die Aussichten zu vergrößern scheinen, das laufende Filmvorhaben beenden zu können. Wer wollte somit dem Globetrotter verübeln, daß er – auch wegen dieser Angebote – sein europäisches Exil aufgibt, sich mit seiner Frau Paola und Tochter Beatrice Anfang 1975 in Las Vegas (dem «Steuerparadies») niederläßt und ein wenig später erneut Wohnung nimmt unmittelbar vor den Toren Hollywoods? Wohl kein anderer Kinokünstler hat die Fragwürdigkeit der Werte des «American dream» in so überzeugender Weise aufgezeigt wie Orson Welles – eines jedoch wird dem kritischen Selfmademan niemals gelingen: nicht selbst Teil dieses Traums zu sein.

In den gewohnt vielversprechenden Funktionen eines Multitalents, nämlich als Autor, Regisseur, Schauspieler und Produzent, bereitet Welles in den USA kurze Zeit nach seinem ersten Auftritt auf dem Bildschirm (wie beschrieben in der Rolle des Lear) mehrere Serien von halbstündigen Fernsehspielen bzw. -features vor. So entstehen 1956 die Pilotfilme *Fountain of Youth* sowie *Camille, the Naked Lady and the Musketeers*, die von Welles erzählte *Geschichte der drei Dumas*[190], und 1958 inszeniert er die bereits erwähnte Hommage an Gina Lollobrigida und italienische Schauspielkünste, *Portrait of Gina*. Welles findet jedoch keinen Sponsor, der von der Serienreife seiner Fernseharbeiten überzeugt ist. «Zu anspruchsvoll»[191] – heißt es zum Beispiel von *Fountain of Youth*; gesendet wird dieser Film immerhin – wenn auch erst zwei Jahre später. Dieses kleine Kammerspiel über einen faustischen Wissenschaftler, der ein Verjüngungsmittel erfunden haben will, wirkt deutlich geprägt von Welles' bühnenerprobter Spotlight-Technik und ist – wie der Regisseur später bekennt – *allein aus kommerziellen Gründen entstanden*[192]. Die drei Pilotfilme, inszeniert unmittelbar vor und nach seinem letzten Engagement in Hollywood *(Touch of Evil)*, belegen eines gewiß, nämlich Welles' Entschlossenheit, seinen Arbeitsplatz vorrangig h i n t e r der Kamera zu behaupten: *Ich will Filme machen*, so Welles, *und ich werde sie herstellen für jedes Bildformat, das sich anbietet.*[193]

Fountain of Youth und *Camille* sollten den Auftakt bilden zu einer

Orson Welles bei den Filmfestspielen in Berlin, 1968

Reihe von Fernsehspielen nach Erzählungen berühmter Autoren. Zehn Jahre muß Welles warten, bevor er Hoffnung schöpfen kann, dieses Vorhaben fortsetzen zu dürfen. Nach Karen Blixens Erzählung «Die unsterbliche Geschichte» inszeniert er 1966 in Frankreich das

Welles als Mr. Clay in «Une Histoire Immortelle», 1966/67

knapp einstündige Fernsehspiel *Une Histoire Immortelle*, seinen ersten Farbfilm. Er selbst spielt darin einen vermessenen amerikanischen Geschäftsmann im Macao vor der Jahrhundertwende, der glaubt, das Reich der Phantasie in Realität verwandeln zu können. Der steinreiche Mr. Clay möchte die alte Seefahrerlegende vom kinderlosen Potentaten, der einen Matrosen kaufte, um seiner Frau einen Erben zu zeugen, Wirklichkeit werden lassen. Auf die göttliche Kraft seines Geldes vertrauend, schickt sich der ehelose einsame Greis Clay an, den Abschluß seines Lebenswerks zur eigenen Gefälligkeit zu inszenieren – doch der Zauber des Mythos siegt über die Allmachtsgläubigkeit des vermögenden Pragmatikers. Wie Kane oder Arkadin scheitert Clay an der fehlenden Einsicht in die eigene Begrenztheit: in der Nacht, als ein gekauftes Paar Clays Auftrag erfüllen soll gleich *Marionetten, die unter meiner Hand zappeln und tanzen, wie ich es will*[194], stirbt der Alte.

Die Protagonisten des Films wirken so erfunden wie die Geschichte, in der sie agieren – darin *Mr. Arkadin* sehr ähnlich. Diesmal jedoch bewegt Welles seine Geschöpfe in einem höchst stilisierten Dekor, das bis ins Detail sorgsam einbezogen wird in den gradlinigen Ablauf eines märchenhaften Geschehens. Die exotisch gestaltete Kulisse wie der kunstvoll eingesetzte Ton werden zu Erzählelementen in der Funktion, dem Zuschauer in jedem Augenblick das Fiktive des Erzählvorgangs ins Bewußtsein zu rufen.

Am Tag der Fernsehausstrahlung soll Welles' «Unsterbliche Geschichte» in den Kinos anlaufen – so beschließen es die Produzenten des Films vom Sender ORTV als Angebot zur Güte an den Autor Welles, der ja kein Fernsehspiel (in Farbe schon gar nicht), sondern einen Kinofilm drehen wollte, aber das eine nicht durfte ohne das andere. Die Aufführung auf dem französischen Bildschirm wird jedoch – bedingt durch einen landesweiten Streik – um Monate verschoben; den Einsatz im Kino erlebt *Une Histoire Immortelle* gar erst Jahre später. Nach Welles' Planung wäre sein Film lediglich eine erste Episode einer Anthologie nach vier Geschichten Karen Blixens gewesen. Als sich Welles' englischer Geldgeber von diesem Projekt distanzierte, blieb als Produzent das französische Fernsehen, das sich wiederum allein an jener Episode interessiert zeigte, die der publikumswirksamen Jeanne Moreau eine Rolle bot. So «einfach» also läßt sich erklären, warum Welles' «Opus Nr. 12» ein Fernsehspiel in Farbe werden mußte. Ob es sich eher für die Leinwand oder den Bildschirm eignet, darüber ließe sich besser streiten, erhielten wir Zuschauer überhaupt Gelegenheit zu einem Vergleich der Präsentationsformen. *Une Histoire Immortelle* ist derjenige Film unter Welles' fertiggestellten größeren Arbeiten, der seit seiner Premiere am seltensten aufgeführt wurde, und das hat diese poesievolle Annäherung an Karen Blixen keinesfalls verdient.

«Sie lebte am Wege nach Helsingör»[195]

Beinahe alle ernsthaften Erzählungen der Welt, resümiert Welles kurz
vor Entstehung der *Histoire Immortelle*, seien *Berichte über ein Scheitern, das im Tod endet – aber mehr als vom bloßen Mißerfolg handeln sie
vom verlorenen Paradies. Genau das ist für mich die zentrale Thematik
westlicher Kultur: das verlorene Paradies.*[196]

Unter diesem Aspekt sind gewiß alle Geschichten Karen Blixens und
Orson Welles' «ernsthafte Erzählungen»; und beider Werke wie beider
Biographien zeugen von verlorenen Paradiesen. Überhaupt haben die
beiden geborenen Verlierer vieles gemein: Sie verstehen sich weniger
als A u t o r e n einer modernen Literatur, die «um der individuellen Cha-
raktere in der Geschichte willen [...] bereit sein [wird], die Geschichte
selber zu opfern»[197], vielmehr verstehen sie sich als G e s c h i c h t e n e r -
z ä h l e r, die im Vorgang des Geschichtenerzählens als «göttlicher
Kunst» unsterbliche Helden schaffen.[198] Beiden gemeinsam ist die
konservativ-aristokratische Attitüde der großen Geste und der Furcht-
losigkeit; der Linksliberale Welles teilt als Künstler die wehmütige
Vorliebe der dänischen Baronin für die in Vergessenheit geratenen Tugenden der Ritterlichkeit und Unabhängigkeit des einzelnen, die sich
vornehmlich in der Bereitschaft zeige, das jeweilige Schicksal in Würde
anzunehmen. Beide gelten als Außenseiter innerhalb ihrer Profession,
und so unzeitgemäß wie Blixens Fabulierfreude in der politisch engagierten Literaturszene im Dänemark der dreißiger Jahre erscheint auch
Welles' Novellenverfilmung im Pariser Mai 1968, in den hochexplosiven
Tagen der Studentenrevolte.

Der nordischen Dichterin aus Afrika fühlt sich der europäische
Amerikaner Welles verbunden – so eng wie Shakespeare und doch anders: *in Liebe, seit ich ihr erstes Buch aufschlug*[199]. Hätte Welles seine
Projekte verwirklichen können, die Anzahl seiner Filme nach Vorlagen der Epikerin wäre kaum geringer als die nach Vorlagen des Dra-
matikers. Seit seiner endgültigen Rückkehr vor die Tore Hollywoods
verfolgt Welles unter seinen vielen Filmvorhaben eines besonders intensiv: *The Dreamers* – die romantische Geschichte der Sängerin Pelle-
grina, die – wie Welles – nie aufhört davon zu träumen, mehrere Leben
gleichzeitig leben zu können. Henry Jaglom ist bereit, diese Verfilmung
von Blixens Novellen «Die Träumer» und «Widerhall» zu produzieren.
Erste Szenen werden gerade gedreht – sogar Warren Beatty will diesmal f ü r Welles spielen –, als sich die Geldgeber nicht länger auf solches
Wagnis einlassen möchten, mit der eigentümlichen Begründung,
Welles' Drehbuch sei «zu poetisch»[200].

Erstaunlich nur ist, daß Welles nie auf die Idee gekommen war, «Babettes Fest» zu verfilmen, Blixens Geschichte über die herzensverbin-

Karen Blixen vor ihrem Haus in Rungstedlund, um 1943

Arbeit an seiner letzten Filmrolle: «Someone to Love», 1985.
Orson Welles zusammen mit dem Regisseur Henry Jaglom

dende Kraft von französischer Gaumenfreude und dänischem Erzählgeschick. Orson Welles, der doch früh *etwas Lebensbejahendes im Laster der Gefräßigkeit*[201] erkannte und fortan jener Kunst huldigte, die es versteht, «Menüs in eine Liebesaffäre zu verwandeln, bei der man nicht mehr unterscheiden könne zwischen physischem und geistigem Appetit»[202] – gerade er hätte besser als sein dänischer Kollege Gabriel Axel wissen müssen, wie man den amerikanischen Kinomarkt erobert: mit einem Film über das Essen (Axels höchst poetische Verfilmung erhält 1988 einen Oscar!).

1982 gestaltet Welles eine Ausgabe der französischen Modezeitschrift «Vogue»; Gegenstand eines seiner Artikel darin ist seine Verehrung für Isak Dinesen alias Karen Blixen. Neben Porträts der Dichterin illustriert ein Foto von ihrem Landhaus auf Seeland den Text. Irgendwann in den fünfziger Jahren hatte Welles sie dort besuchen wollen; drei Tage zögerte er die Weiterfahrt von Kopenhagen gen Norden hinaus, gab schließlich auf und begann einen Liebesbrief zu verfassen – bis zum Herbst 1962: *Ich schrieb noch daran, als sie starb.*[203]

In seinem letzten Kinoprojekt, *Orson Welles Solo*, nimmt er unter anderem den drei Jahrzehnte zurückliegenden Plan zur Verfilmung von Blixens «The Old Chevalier» wieder auf. In der Nacht zum 10. Oktober 1985 sitzt Welles in Hollywood am Schreibtisch und arbeitet an seinem Karen Blixen einbeziehenden Projekt, *denn unsere Affäre wird dauern – als ein sehr intimes Verhältnis –, solange ich Augen habe zu lesen*[204]. Er liest die phantasievolle Erzählung Karen Blixens und ist dabei, die Fiktion des Buches in die Welt des Kinos zu übertragen – als sein Herz versagt. Die unerhörte Begebenheit in der von Blixen und Welles einst erfundenen Geschichte um Mr. Clay scheint auf seltsame Weise wahr geworden zu sein. *Ich schrieb das Drehbuch und führte Regie. Mein Name ist Orson Welles.*[205]

Anmerkungen

Abkürzungen:
OW = Orson Welles
DP = Dialogprotokoll
DPS = Dialogprotokoll der dt. Synchronfassung
CdC = Cahiers du Cinéma
SaS = Sight and Sound
OW/PB = Jonathan Rosenbaum (Hg.): This is Orson Welles. Orson Welles and Peter Bogdanovich. London 1993.
  Fremdsprachige Texte (einschließlich der für die Monographie angefertigten Dialogprotokolle) wurden vom Autor übertragen, sofern keine deutschen Übersetzungen vorlagen.

1 Peter Bogdanovich in: OW/PB, S. XXXII f.
2 OW zit. in: Peter Noble: The Fabulous OW. London 1956, S. 151
3 Vgl. OW/PB, a.a.O.
4 Ebd., S. 318
5 François Truffaut in: CdC Nr. 177, April 1966; dt.: Film Nr. 8, August 1966, S. 28
6 Ebd.
7 Hal Hartley: Kinoerzählungen. In: Frankfurter Allgemeine Zeitung, 17. 10. 1994
8 OW in: ders., F for Fake (DPS)
9 Symptomatisch dafür die Präsentation der Reihe «99 Filme der Filmgeschichte» durch den «Kabelkanal»: 30 Jahre – die gesamte Stummfilmzeit – bleiben ausgeblendet.
10 OW/PB, S. 65
11 Noble, a.a.O., S. 36
12 Hascy Tarbox zit. in: Barbara Leaming: OW. A Biography. New York 1985, S. 24

13 Vgl. OW in: Filmfaust Nr. 28–29, 1982, S. 7 f.
14 OW: Brief Career As A Musical Prodigy. In: Vogue, Dezember 1982, S. 187
15 Vgl. insbes. Charles Higham: The Rise and Fall of an American Genius. New York 1985, S. 32–45, sowie Robert L. Carringer: Oedipus in Indianapolis. In: ders., The Magnificent Ambersons. A Reconstruction. Berkeley u. a. 1993, S. 7–15
16 OW in: F for Fake, a.a.O.
17 OW/PB, S. 43
18 Ebd., S. 67
19 OW in: CdC Nr. 87, September 1958; dt.: Theodor Kotulla (Hg.): Der Film Bd. 2. München 1964, S. 294
20 Bertolt Brechts Theatertheorie lernt OW erst kennen, als er sich auf die Inszenierung des «Galilei» vorbereitet; zum Zeugnis seiner Wertschätzung von

Brechts Verfremdungsmodell im Rollenspiel wird der in dieser Zeit entstandene Film *The Lady from Shanghai*. Vgl. hierzu insbes. Leaming, a.a.O., S. 336ff.

21 In einer Tourneeaufführung übernimmt ein geschwärzter OW die Titelrolle.

22 Joseph Cotten: Mein unbescheidenes Leben. Hamburg 1988, S. 60

23 Vgl. OW in: CdC Nr. 165, April 1965; engl.: Andrew Sarris (Hg.): Interviews With Filmdirectors. New York 1967, S. 535, sowie OW/PB, S. 18

24 Vgl. Werner Faulstich: Radiotheorie. Eine Studie zum Hörspiel «The War of the Worlds» (1938) von OW. Tübingen 1981, S. 32ff.

25 An die nunmehr legendären Vorbilder – Radioserien und OW' Sensationserfolge – knüpft wiederum Woody Allen an mit seinen Filmen «Zelig», «The Purple Rose of Cairo» und «Radio Days».

26 OW/PB, S. 16

27 Wie der Vater wird Christopher später der Obhut Hills überantwortet, wodurch sie zur einzigen Schülerin wird in der Geschichte der Todd-Schule für Jungen.

28 Vgl. John Houseman: Runthrough. New York 1972, S. 406f.

29 Howard Koch/OW: *The War of the Worlds* (Hörspielprotokoll)

30 So kennzeichnet OW sein Hörspiel in einem Nachwort zur Sendung. OW in: ebd.

31 Howard Koch: The Panic Broadcast. New York 1970, S. 103f.

32 Dorothy Thompson: On the Record: Mr. Welles and Mass Dilution. In: New York Herald Tribune, 2.11.1938. Zit. in: Koch, a.a.O., S. 92

33 François Truffaut: Die Filme meines Lebens. München 1979, S. 215

34 Otto Friedrich: Markt der schönen Lügen. Köln 1988, S. 154

35 Truffaut, Die Filme meines Lebens, a.a.O., S. 216

36 OW/PB, S. 29

37 OW in: Playboy, März 1967, S. 62

38 Zu den politischen Implikationen der drei Projekte vgl. z.B. Higham, a.a.O., S. 142, 146, 179

39 Frank Brady: Citizen Welles. New York 1989, S. 288

40 Die Parole des Wochenschauredakteurs Rawlston zur Aufdeckung von Kanes Geheimnis. In: OW, *Citizen Kane* (DPS)

41 Der Anstieg der Wertschätzung gilt auch für den Regisseur selbst: in der Umfrage von 1972 verdrängt OW Sergej Eisenstein von Platz 1, nominiert vor Jean Renoir und Ingmar Bergman.

42 Rawlston in: *Citizen Kane*, a.a.O.

43 Zur Bedeutung von Bernard Hermanns Komposition vgl. insbes. Jean-Pierre Berthomé u. François Thomas: Citizen Kane. Paris 1992, S. 189ff.

44 OW: *Citizen Kane*, a.a.O.

45 Siegfried Kracauer: Citizen Kane (1941). In: ders., Kino. Frankfurt a.M. 1974, S. 233ff.

46 Vgl. André Bazin: OW. Wetzlar 1988, S. 126–133

47 OW: ‹*Citizen Kane*› *Is Not about Louella Parsons' Boss*. In: Friday, 14.2.1941. Zit. in: Ronald Gottesman (Hg.): Focus On Citizen Kane. Englewood Cliffs 1971, S. 68.

48 Vgl. z.B. Knut Hickethiers Analyse zu *Citizen Kane* in: Werner Faulstich u. Helmut Korte (Hg.): Fischer Filmgeschichte Bd. 2. Frankfurt a.M. 1991, S. 293–309

49 Jean-Paul Sartre: Wenn Hollywood Problemfilme macht: Citizen Kane von OW. In: ders., Mythos und Realität des Theaters. Reinbek 1979, S. 173

50 Zur teilweise frappierenden äußeren wie inneren Verwandtschaft
von Kane, Hearst und OW vgl.
insbes. Thomas Lennons Film-
dokumentation «The Battle Over
Citizen Kane» (USA 1995).

51 Zit. in: James Howard: The Complete Films of OW. New York
1991, S. 47

52 OW/PB, S. 361

53 Truffaut in CdC Nr. 77, a. a. O.,
S. 31

54 Vergebens bleiben die Bemühungen des Produzenten David O.
Selznick um eine Kopie des Originals, die dem Museum of Modern Art überlassen werden
sollte.

55 So der Erzähler OW über George
Amberson. In: ders., The Magnificent Ambersons (DPS)

56 Vgl. z. B. Bazin: OW, a. a. O., S. 109

57 James Monaco (Hg.): The Virgin
Film Guide. New York 1992,
S. 512

58 OW in: Peter Cowie: The Cinema
of OW. London 1965, S. 66

59 Vgl. Carringer, a. a. O., S. 24 ff.

60 OW in: The OW Story. BBC-Te-
levision, 18. u. 21. Mai 1982

61 Wodurch wiederum die von RKO
ausgelöste Anti-OW-Kampagne
einen rassistischen Unterton erhält. Vgl. hierzu insbes. Robert
Stam: OW, Brazil and the Power
of Blackness. In: Persistence of
Vision Nr. 7, 1989.

62 OW in: The OW Story, a. a. O.

63 OW/PB, S. 165

64 Vgl. ebd., S. 166

65 Ebd., S. 150

66 Zit. in: Joseph McBride: OW.
London 1972, S. 52. (Eine inoffi-
zielle Parole lautet: «All's well
that ends Welles», zit. in: Leaming, a. a. O., S. 250)

67 OW' Sekretärin Shifra Haran in:
Leaming, a. a. O., S. 247

68 Zit. in: Brady, a. a. O., S. 364

69 Ebd., S. 367

70 OW in: New York Post, 19.1.1945.
Zit. in: OW/PB, S. 388

71 Wilson in: The Stranger (DPS)

72 Vgl. hierzu insbes. Bret Wood:
OW. A Bio-Bibliography. Westport 1990, S. 198 ff.

73 OW in: CdC Nr. 87, a. a. O., S. 313

74 Wilson zitiert Ralph Waldo
Emerson. In: The Stanger, a. a. O.
Dieses Zitat wiederum stellt OW
seinem Roman Monsieur Arkadin
voran.

75 Vgl. z. B. Spiel im ZDF Nr. 4,
April 1989, S. 18

76 Rankin in: The Stranger, a. a. O.

77 OW bleibt für längere Zeit ein
Anhänger dieser These, und er
macht aus seinen Abneigungen
gegenüber «germanischer Kunst»
nie einen Hehl. Vgl. OW,
Thoughts on Germany, in: The
Fortnightly (London), März 1951.
Vgl. auch Michael Farin u. Hans
Schmid, Im Land der Nudelsup-
pen-Männer. Mitleid mit den
Monstern: OW und die Deutschen, in: Süddeutsche Zeitung,
23./24.3.1996

78 OW in: CdC Nr. 87, a. a. O.,
S. 292

79 The Stranger, a. a. O.

80 OW/PB, S. 33

81 Maurice Bessy: OW. München
1983, S. 118

82 Rita Hayworth in: Lux Radio
Theatre/CBS, 11.9.1944. Zit. in:
OW/PB, S. 385

83 Dies zit. in: Friedrich, a. a. O.,
S. 416

84 Bis in Details gleicht OW' Film
zudem genreähnlichen Femme-
fatale-Filmen wie z. B. Jacques
Tourneurs «Out of the Past» oder
Richard Wallace' «Framed».

85 OW über O'Hara in CdC Nr. 87,
a. a. O., S. 302

86 Paul Schrader: Notes on Film
Noir. In: Film Comment Nr. 1,
Frühjahr 1972. Dt. in: Filmkritik
Nr. 10, 1976

87 Graham Greene: The Third Man (DPS)

88 OW in: Filmfaust, a.a.O., S. 5. (Als traumatisch erlebte OW den Verrat seines Freundes Cotten, der in guter Absicht, *Ambersons* zu retten, mit jenen zusammenarbeitete, die OW' Filmversion zerstörten; vgl. OW in Leaming, a.a.O., S. 243 ff.)

89 OW: Textbeitrag zu «The Third Man», a.a.O.

90 Über den schöpferischen Anteil OW' an «The Third Man» vgl. OW in: CdC Nr. 87, a.a.O., S. 306 f., und OW/PB, S. 220

91 OW zit. n: Hans Stempel: Der dritte Mann. Atlas Filmhefte Nr. 20, o. J.

92 OW in: CdC, a.a.O., S. 295

93 Monaco, a.a.O., S. 992

94 Ebd.

95 OW in CdC, a.a.O., S. 290 u. Manzies in: OW, *Touch of Evil* (DP der dt.-amerik. Fassung)

96 *Touch of Evil*, ebd.

97 OW in CdC, a.a.O., S. 296

98 Truffaut: Die Filme meines Lebens, a.a.O., S. 225

99 Ebd., S. 224

100 OW in: CdC, a.a.O., S. 291

101 Bessy, a.a.O., S. 112

102 OW in: CdC, a.a.O.

103 OW/PB, S. 322

104 Tanja in: *Touch of Evil*, a.a.O.

105 OW/PB, S. 205

106 OW: *Macbeth* (DPS)

107 Edgar Hoover zit. n. James Naremore: The Trial. The FBI vs. OW. In: Film Comment Nr. 1, Frühjahr 1991, S. 25

108 OW in: ders., *Portrait of Gina* (DP)

109 OW in: Higham: The Rise and Fall..., a.a.O., S. 278

110 OW/PB, S. 231

111 Vincent Canby in: New York Times. Zit. im Trailer zu *Othello*, 1991

112 OW in: Modern Screen, April 1940. Zit. in: Charles Higham: The Films of OW. Berkeley 1970, S. 125

113 OW zit. in: Bazin, a.a.O., S. 164 f.

114 OW/PB, S. 228

115 Gary Taylor: Shakespeare – wie er euch gefällt. Die Geschichte einer Plünderung durch vier Jahrhunderte. Hamburg 1992, S. 381

116 Carringer, a.a.O., S. 31 f.

117 Vgl. OW/PB, S. 92

118 Ausschnitte aus *Merchant of Venice* enthält Vassili Silovics Dokumentation «OW – The One-Man-Band» von 1995.

119 Vgl. Bessy, a.a.O., S. 10, u. Noble, a.a.O., S. 36

120 Lear im Sterben. In: William Shakespeare. Werke II. München/Zürich 1965, S. 318

121 An seinen Töchtern Christopher und Rebecca habe OW keinerlei Interesse gezeigt, behauptet OW' Sekretärin Shifra Haran; erst im Zusammenleben mit Beatrice, der jüngsten Tochter, entdeckte er die «soziale Vaterschaft». Vgl. Leaming, a.a.O., S. 149 u. 298.

122 OW: *King Lear*. Projektbeschreibung auf Video, 1985. Zit. in: OW/PB, S. 512

123 OW zit. in: Noble, a.a.O., S. 176

124 OW: *OW' Almanac*. In: New York Post, 6.2.1945. Zit. in: OW/PB, S. 101

125 OW: *Falstaff* (DPS)

126 Ebd.

127 Ebd.

128 Knut Hickethier über «Henry V» von Kenneth Branagh. In: epd-Film Nr. 1, Januar 1991, S. 40

129 OW in: SaS Nr. 4, Herbst 1966, S. 159

130 Ebd., S. 160 f.

131 Christopher hatte ihren Auftritt in *Macbeth* und Rebecca in *Othello*.

132 OW/PB, S. 261

133 *Falstaff*, a.a.O.

134 OW in: The OW Story, a.a.O., und SaS, a.a.O.

135 OW in: Cannes-Bericht der ARD vom Mai 1983

136 Vgl. OW/PB, S. 107

137 OW zit. in: Noble, a.a.O., S. 82

138 OW: *The Greatest of All Directors*. In: Los Angeles Times, 18.2.1979

139 Eartha Kitt zit. in: Leaming, a.a.O., S. 379

140 OW zit. in: ebd., S. 122. Virginia Nicolsons eigene Affären wiederum deutet OW an in seinem Filmskript: *Rocking the Cradle* Santa Barbara 1992

141 OW/PB, S. 415

142 Zur verschachtelten Entstehungsgeschichte von *Mr. Arkadin* vgl. insbes.: Jonathan Rosenbaum: The Seven Arkadins. In: Film Comment, Frühjahr 1992; sowie Michael Farin u. Hans Schmid: Some Kind Of Man: OW' Mr. Arkadin. In: OW: *Mr. Arkadin*. Hamburg 1996, S. 297–342

143 OW in: CdC, a.a.O., S. 309

144 So lautet der angemessen erscheinende Titel des deutschen Filmverleihs

145 Arkadin in: OW *Mr. Arkadin* (DPS)

146 Eric Rohmer in: CdC Nr. 61, Juli 1956

147 Truffaut, a.a.O., S. 222

148 OW zit. in: Leaming, a.a.O., S. 394

149 Bis heute bekannt sind vier Montagefassungen des Films: 1. die von einem spanischen Cutter geschnittene spanische Version; 2. die von Dolivet in Auftrag gegebene und in Europa vertriebene Fassung mit dem Titel *Confidential Report* (dt. *Herr Satan persönlich*); 3. die 1961 von Bogdanovich entdeckte Version, die OW' Intentionen vermutlich am nächsten kommt – Titel: *Mr. Arkadin*; 4. die in der Regel in den USA gezeigte, am meisten verstümmelte Version, ebenfalls mit dem Titel *Mr. Arkadin*. Vgl. hierzu Rosenbaum, a.a.O.; Farin u. Schmid, a.a.O.

150 OW in: Leaming, a.a.O., S. 459

151 Franz Kafka: Der Prozeß. Frankfurt a.M. 1965, S. 7

152 OW in: CdC Nr. 165, a.a.O., S. 529

153 Bertolt Brecht: Aufsätze zur Literatur 1934–46. In: Gesammelte Werke Bd. 19. Frankfurt a.M. 1967, S. 447

154 OW als Erzähler in: ders., *Le Procès* (DPS)

155 OW in: V.I.P.-Schaukel. Zit. in: OW, das vermarktete Genie. ZDF vom 12.5.1975

156 hge: Heute im Kino: «Der Prozeß». Frankfurter Rundschau, 24.5.1993

157 OW in: CdC, a.a.O., S. 531

158 OW zit. in: McBride, a.a.O., S. 73

159 OW in: CdC Nr. 87, a.a.O., S. 298

160 OW/PB, S. 255

161 Vgl. OW/PB, S. 441

162 Eine von Jesus Franco rekonstruierte Fassung von *Don Quixote* wurde 1992 in Sevilla gezeigt.

163 OW zit. in: Bessy, a.a.O., S. 210

164 Oja Kodar zit. in: Jonathan Rosenbaum: The Invisible Orson. In: SaS, Sommer 1986, S. 186

165 Charles Higham: And Now, the War of the Welles. In: New York Times, 13.9.1969; ders.: It's All True. In: SaS, Frühjahr 1970; Pauline Kael: Raising Kane. In: The New Yorker, 20. und 27.2.1971

166 Vgl. OW in: Los Angeles Times, 12.5.1973. Nachgedr. in: Ronald Gottesmann (Hg.): Focus on

OW. Englewood Cliffs 1976, S. 198

167 McBride, a. a. O., S. 166

168 OW-Biographen wie Charles Higham und Robert Carringer bemühen sich um den Nachweis, daß OW' Berichte über seine Eltern und seine Kindheit allesamt – bewußt oder unbewußt – eher von Lüge als von Wahrheit geprägt seien. Vgl. Higham: The Rise and Fall…, a. a. O.; Carringer: Ödipus in Indianapolis, a. a. O.

169 Clifford Irving muß ins Gefängnis, Elmyr de Hory entgeht 1976 längerer Haft durch Selbstmord, und OW bleibt die Vollendung weiterer Kunstwerke verwehrt.

170 OW in: *F for Fake*, a. a. O.

171 OW in: V. I. P.-Schaukel, a. a. O.

172 OW zit. Pablo Picasso in: *F for Fake*, a. a. O.

173 Rosenbaum, a. a. O., S. 166

174 D. i. seit 1994 im Münchner Filmmuseum deponiertes Material im Gewicht von 1,8 t. Das Recht zur weiteren Auswertung dieses Nachlasses wird bereits 1995 dem Filmmuseum übertragen. Vgl. Susan Vahabzadek: Spannendes Erbe eines einsamen Mannes. In: Süddeutsche Zeitung, 20. 10. 1995

175 Medias Res Filmproduktion: The Magician. München 1994, S. 3

176 OW in: V. I. P.-Schaukel, a. a. O.

177 Vgl. Dominique Antoine in: Leaming, a. a. O., S. 459

178 Vgl. dazu Oja Kodars Anmerkungen in: Alain Bergala u. a.: OW. Paris 1986, S. 178, sowie Rosenbaum, a. a. O., S. 168, die den Schluß nahelegen, OW habe den erotischen Bereich für sein Filmschaffen erst durch sie entdeckt.

179 OW in: Bergala u. a., a. a. O., S. 58

180 Vgl. Brady, a. a. O., S. 568 f.

181 Warren Beatty ist Autor, Regisseur, Produzent und Hauptdarsteller des Films «Reds» (USA 1981).

182 Ein Redakteur in: John Ford u. a., The Man Who Shot Liberty Valance (DP)

183 Frank Brady weist darauf hin, daß OW' Projekt mit einem Budget von 6 Millionen Dollar scheiterte in einer Zeit, als George Lucas' und Steven Spielbergs Film «Indiana Jones and the Temple of Doom» an der Kinokasse 10 Millionen Dollar einspielte, und zwar täglich. Vgl. Brady, a. a. O., S. 583

184 Steven Spielberg zit. in: ebd., S. 577

185 OW: Un ruban de rêves. In: L'Express, 5. 6. 1958

186 OW in: Pleine Lune. INA-TV (Paris), 3. 6. 1983. Zit. in: OW/PB, S. 450

187 Zur Bedeutung schnellen Erzählens im Film vgl. OW in: SaS, a. a. O., S. 161, und OW/PB, S. 310

188 Die Kinopremiere des zwei Jahrzehnte «vergessenen» Trailers zu *F for Fake* 1995 in Venedig läßt OW' bisher zuwenig beachteten Beitrag zur Entwicklung der Gattung «Filmessay» augenfällig werden.

189 Vgl. Brady, a. a. O., S. 550

190 OW/PB, S. 290

191 Howard, a. a. O., S. 28

192 OW zit. in: Joseph McBride: First Person Singular. In: SaS, Winter 1971/72, S. 40

193 OW/PB, S. 30

194 Mr. Clay in: OW *Une Histoire Immortelle* (DPS)

195 OW/PB, S. 251

196 OW in: SaS, a. a. O., S. 160

197 Tania Blixen: Letzte Erzählungen. München 1968, S. 24

198 Ebd.

199 OW in: Vogue, a. a. O., S. 180

200 Howard, a.a.O., S. 251
201 OW in: Playboy, a.a.O.
202 General Löwenherz über Babettes Kochkünste in Gabriel Axel: Babettes Gaestebud (DPS)
203 OW/PB, S. 252
204 OW in: *The Dreamers* (Drehbuch 1. Fassung), 1978. Zit. in: OW/PB, S. 515
205 OW als Erzähler in: *The Magnificent Ambersons*, a.a.O. In variierter Form verabschiedete sich OW häufig so von seinen Rundfunkhörern und Zuschauern.

Zeittafel

1915   6. Mai: George Orson Welles wird als zweiter Sohn des Industriellen Richard Head Welles und der Pianistin Beatrice Welles geb. Ives in Kenosha/Wisconsin geboren

1921   Nach Scheidung der Eltern lebt Orson Welles bei der Mutter

1924   10. Mai: Tod der Mutter

1925   Welles besucht erstmals eine Schule. Er inszeniert im Ferienlager Indianola die eigene Bühnenfassung von *Dr. Jekyll and Mr. Hyde* und übernimmt sämtliche Rollen; redigiert und illustriert die Camp-Zeitung

1926–31   Schüler der Todd School in Woodstock/Illinois; Welles engagiert sich als Darsteller, Regisseur und Bühnenbildner des Schultheaters in etwa 30 Stücken

1929   Unternimmt mit zwei Freunden eine Ferientour quer durch Europa

1930   Im Sommer reist Welles mit dem Vater nach Japan und China

28. Dezember: Tod des Vaters. Vormund wird der Arzt Dr. Maurice Bernstein

1931   Juni: Welles beginnt eine Ausbildung als Maler am Chicago Art Institute

August: er bricht sein Studium ab und reist nach Irland

1931–33   Engagement am Gate Theatre und anderen Bühnen in Dublin als Schauspieler, Regisseur und Bühnenbildner

1933   März: Welles kehrt in die USA zurück. Für seine *Twelfth Night*-Inszenierung an der Todd School erhält er den 1. Preis der Chicagoer Theatergilde. Im Sommer reist er nach Marokko und Spanien. Er schreibt Kriminalgeschichten für Boulevardblätter

August: Welles sucht in New York vergeblich Arbeit am Theater. Er ediert und illustriert einen Band mit Shakespeare-Stücken und verfaßt einen autobiographischen Dreiakter über einen diabolischen Jüngling, *Bright Lucifer*

September: Thornton Wilder vermittelt ihm ein Engagement als Schauspieler in der Tourneegruppe Katharine Cornells

1934   Welles' erste Radio-Arbeit als Sprecher in einer Schulfunkserie. Im Sommer organisiert er ein Bühnenfestival in Woodstock; sein erster Film entsteht: der fünfminütige Stummfilm *The Hearts of Age* mit Virginia Nicolson in der weiblichen Hauptrolle

	14. November: Heirat mit Virginia Nicolson; die Ehe wird 1940 geschieden

14. November: Heirat mit Virginia Nicolson; die Ehe wird 1940 geschieden

21. Dezember: Welles' Debüt am Broadway als Tybald in «Romeo and Juliet»

1935 März: Welles schließt sich John Housemans Phoenix Theatre Group an. Beginn der vierjährigen Mitarbeit an der NBC-Serie «The March of Time»

1936 Welles inszeniert in New York Shakespeares *Macbeth* und Marlowes *Doctor Faustus*

1937 März: Beginn der MBS-Hörspielreihe *The Shadow* nach Walter B. Gibsons Comic-Serie; zwei Jahre lang gestaltet Welles die Rolle des Titelhelden dieser bei Hörern überaus beliebten Sendung

16. Juni: Welles' Inszenierung von Marc Blitzsteins Klassenkampf-Oper *The Cradle Will Rock* wird trotz staatlicher Restriktionen mit großem Erfolg uraufgeführt

11. November: Welles und Houseman eröffnen ihr Mercury Theatre mit der Aufführung von *Caesar* nach Shakespeare

1938 27. März: Geburt der Tochter Christopher

Juli: Welles inszeniert mit dem Ensemble des Mercury Theatre – bis Juni 1939 – wöchentlich für CBS Hörspiele nach Werken der Weltliteratur

30. Oktober: die in der Folge *The War of the Worlds* nach H. G. Wells geschilderte Landung von Marsmenschen löst unter den Zuhörern eine Panik aus

1939 27. Februar: Uraufführung der von Welles inszenierten fünfstündigen Montage aus Shakespeares Königsdramen *Five Kings* in Boston; er selbst spielt den Falstaff

21. August: das Hollywood-Studio RKO verpflichtet Welles als Produzent, Regisseur, Autor und Schauspieler. Ein halbes Jahr arbeitet er erfolglos an ca. acht Filmprojekten; geplant ist u. a. ein Leinwandpendant zu *The War of the Worlds*

1940 19. Februar: Beginn der Arbeit an *Citizen Kane*

1941 Januar: nach der Pressevorführung von *Citizen Kane* beginnt der Verleger Hearst seine Kampagne gegen den Film

6. April: CBS überträgt Welles' antirassistisches Hörspiel *His Honor – the Mayor*. Eine Woche später informiert FBI-Chef Hoover die Staatsanwaltschaft über Welles' zahlreiche Verbindungen zu angeblich kommunistischen Organisationen

24. März: die in New York aufgeführte Bühneninszenierung *Native Son* nach Richard Wrights gleichnamigem Roman bedeutet das Ende der Zusammenarbeit von Welles und Houseman

1. Mai: *Citizen Kane* wird in New York uraufgeführt

1941–43 Welles arbeitet – oftmals gleichzeitig – an den drei Filmen *The Magnificent Ambersons*, *Journey into Fear* und *It's All True*; er produziert Hörspielreihen und tritt als Gast in zahlreichen anderen Radioshows auf

1942 Januar: Welles übergibt die Regie von *Journey into Fear* an Norman Foster

	Juni: RKO ersetzt ihren Präsidenten George Schaefer durch Charles Koerner; am 1. Juli wird Welles gekündigt, dennoch setzt er die Dreharbeit zu *It's All True* bis August fort
	13. August: *The Magnificent Ambersons* wird in einer von Welles nicht autorisierten Fassung uraufgeführt
1943	3. August: Premiere des von Welles produzierten und inszenierten Varietés zur Unterstützung der US-Truppen, *The Mercury Wonder Show*
	7. September: Heirat mit Rita Hayworth; die Ehe wird 1947 geschieden
1944	Welles beginnt im Januar eine Vortragsreise zum Thema Faschismus, *The Nature of the Enemy*, und bis Juli gestaltet er die wöchentlich – oftmals von Kasernen aus – live gesendete Unterhaltungsshow *Orson Welles Almanac*. Im Herbst engagiert er sich für die Wiederwahl Präsident Roosevelts
	17. Dezember: Geburt der Tochter Rebecca
1945	Welles schreibt für die «New York Post» von Anfang bis Ende des Jahres fast täglich die Kolumne *Orson Welles Almanac*
1945–46	Welles inszeniert *The Stranger*
1946	31. Mai: das von Welles nach Jules Vernes Vorlage verfaßte und produzierte Musical *Around the World in 80 Days* wird in New York aufgeführt
1946–47	Welles inszeniert *The Lady from Shanghai*
1947	Im Frühjahr inszeniert Welles *Macbeth* für die Bühne, im Sommer für die Leinwand. Ende Juli verläßt er die USA und lebt vorläufig in Italien
1948–52	Welles arbeitet als Regisseur und Schauspieler für Bühne, Leinwand und Rundfunk überwiegend in Italien, Frankreich und England. Sein kurzer Auftritt als Harry Lime in «The Third Man» verhilft ihm zu weltweitem Starruhm. Mit vielen Unterbrechungen entsteht sein erster unabhängig produzierter Film: *Othello*; in Cannes erhält *Othello* 1952 die Goldene Palme
1953	*The Lady in the Ice*, ein von Welles verfaßtes Ballett, wird in London und Paris mit Erfolg aufgeführt
1954	Welles inszeniert *Mr. Arkadin*. Im Herbst hält er sich kurz in den USA auf, um in der Fernsehinszenierung des «King Lear» die Titelrolle zu übernehmen
1955	Im Frühjahr gestaltet Welles für das britische Fernsehen sechs Sendungen als Kolumnist: *Orson Welles' Sketch Book*
	8. Mai: Heirat mit Paola Mori. Sie stirbt 1986 bei einem Autounfall. Sommer: in London produziert Welles eine eigene Bühnenfassung von Melvilles Roman «Moby Dick». Anschließend beginnt er in Spanien mit Dreharbeiten zu *Don Quixote*
	13. November: Geburt der Tochter Beatrice
1956	Welles kehrt zum Broadway und nach Hollywood zurück: er bringt *King Lear* auf die Bühne, inszeniert sein erstes Fernsehspiel, *The Fountain of Youth*, und übernimmt eine Hauptrolle in dem Hollywoodfilm «Pay the Devil»

1957	Charlton Heston vermittelt Welles einen letzten Regieauftrag in Hollywood: *Touch of Evil*
1958	Welles läßt sich erneut in Italien nieder und arbeitet vorrangig als Filmschauspieler
1960	In Dublin spielt Welles den Falstaff in seinem Schauspiel *Chimes at Midnight* nach Shakespeare, und in London inszeniert er Ionescos *Rhinoceros* mit Laurence Olivier als Berenger
1962	Welles inszeniert *Le Procès* nach Kafkas Roman. Beginn einer über zwanzigjährigen Lebens- und Arbeitsgemeinschaft mit der kroatischen Bildhauerin, Schriftstellerin und Schauspielerin Oja Kodar
1964–65	In Spanien entsteht *Chimes at Midnight* als Leinwandversion
1966	Für das französische Fernsehen inszeniert Welles *Une Histoire Immortelle*
1967–71	Welles arbeitet mit vielen Unterbrechungen in Jugoslawien an dem Kriminalfilm *The Deep* und in Italien an dem Fernsehfeature *Orson's Bag*. Er ist Gastgeber zahlreicher amerikanischer Fernsehshows und prominenter Darsteller in Werbespots und Historienfilmen wie «Der Kampf um Rom» und «Waterloo»
1969	Welles läßt sich mit Paola Mori und Tochter Beatrice in Siodona/Arizona nieder und beginnt mit der Aufzeichnung seiner Memoiren
1970	Welles erhält einen Ehren-Oscar; im Sommer beginnt er mit den Dreharbeiten zu *The Other Side of the Wind*
1972–73	Welles inszeniert *F for Fake*
1974–79	Welles dokumentiert den Entstehungsprozeß des *Othello* in *Filming «Othello»*
1975	9. Februar: Welles wird nach John Ford und James Cagney mit dem 3. Life Achievement Award des American Filminstitute geehrt. Im Mai zieht er nach Beverly Hills
1976	Frühjahr: Welles beendet die Montagearbeiten zu *The Other Side of the Wind*
1976–85	Welles arbeitet an *The Magic Show* und *The Dreamers* und bereitet neue Filmprojekte vor: *The Big Brass Ring*, *King Lear*, *The Cradle Will Rock*
1982	23. Februar: der französische Staatspräsident Mitterrand ernennt Welles zum Kommandanten der Ehrenlegion
1985	Verschollen geglaubte Aufnahmen zu *It's All True* werden aufgefunden. In Henry Jagloms Orson Welles gewidmetem Film «Someone to Love» spielt Welles seine letzte Hauptrolle: sich selbst. 10. Oktober: während seiner Drehbucharbeit am Schreibtisch erleidet Welles einen tödlichen Herzanfall.

Zeugnisse

Micheál MacLiammóir
Seine einfühlsame Darstellung von Leidenschaft, Bosheit, Trunkenheit, Tyrannei, einer Art dämonischer Autorität war fesselnd; eine unheimliche Energie durchströmte alles, was er tat.

Über das Vorsprechen des sechzehnjährigen Welles am Gate Theatre,
in: All For Hecuba, London 1946

Arthur Miller
Orson Welles war ein Genie am Mikrofon; er schien darin zu sitzen. Seine Stimme, die jedes Wort modellierte, traf ins Herz. Kein Schauspieler erreichte über einen Lautsprecher eine solche Intimität, eine solche Präsenz.

Zeitkurven, Frankfurt a. M. 1987

Jean-Paul Sartre
Welles ist ein äußerst begabter Mann, dessen Hauptanliegen politisch ist, und die gemeinsame Bedeutung all seiner Unternehmen ist sein Wille, mit allen Mitteln, über die er verfügt, Film, Theater, Journalismus, die amerikanischen Massen für den Liberalismus zu gewinnen.

Wenn Hollywood Problemfilme macht: «Citizen Kane» von Orson Welles
(1945), in: Mythos und Realität des Theaters, Reinbek 1979

Jean Cocteau
Orson Welles ist eine Art Riese aus kindlicher Sicht, ein von Vögeln und Schatten überladener Baum, ein Hund, der sich von seiner Kette losgerissen und in die Beete gelegt hat, ein aktiver Faulenzer, ein verrückter Weiser, ein von Menschen umgebener Einsiedler, ein Schüler, der in der Klasse schläft, ein Stratege, der den Betrunkenen spielen kann, wenn er will, damit man ihn in Ruhe läßt.

Aus dem Vorwort zu «Orson Welles» von André Bazin, Paris 1950,
in: Kino und Poesie, Frankfurt a. M. 1989

Richard Wright
Ein Orson Welles ist genug. Zwei davon würden ohne Zweifel das Ende der Zivilisation bedeuten!

Zit. in: Peter Noble: The Fabulous Orson Welles, London 1956

John Huston
Orson leidet völlig unverdient unter dem Ruf, verschwenderisch und unzuverlässig zu sein... Ich kenne seine Arbeitsweise. Er ist ein überaus sparsamer Filmregisseur. Hollywood sollte es sich leisten, einige seiner Methoden zu übernehmen... Sie haben Angst vor Orson, insbesondere diejenigen, die nicht seine Zähigkeit, seine Vitalität und seine Begabung besitzen. In seiner Nähe werden ihre Unzulänglichkeiten nur allzu deutlich.

An Open Book, New York 1980

Jean Renoir
Ich glaube, das Charakteristische eines Genies ist es, eine kleine Welt zu erschaffen. Eine kleine Welt, in der ihr Schöpfer sodann das Personal sich bewegen läßt, das im allgemeinen nichts anderes darstellt als er selbst. [...] Ein Film von Orson Welles, das ist ein wenig wie das Porträt von Orson Welles.

Einführungsworte zur Premiere von *Une Histoire Immortelle*
im Fernsehsender ORTV am 30. September 1968

Marlene Dietrich
Welles war ausgesprochen großzügig. Wie alle großen Talente schützte sein innerer Reichtum ihn vor Kleinlichkeit, und er ließ andere bereitwillig an seinen Ideen, seinen Erfahrungen und seinen Träumen teilhaben. Er machte es einem leicht, ihn zu lieben.

Ich bin, Gott sei Dank, Berlinerin. Memoiren, Berlin 1987

Jeanne Moreau
Mit ihm zu arbeiten, bedeutet permanente Kreativität.

Zit. in: Gabriele Lauermann: Jeanne Moreau, München 1989

François Truffaut
Die großen Filmer, Murnau, Lang, Eisenstein, Dreyer, Hitchcock, haben alle vor der Erfindung des Tonfilms begonnen, und es ist nicht übertrieben, in Orson Welles das einzige große visuelle Temperament zu sehen, das nach dem Aufkommen des Tonfilms hervorgetreten ist.

Orson Welles. Citizen Kane, der zerbrechliche Riese (1967),
in: Die Filme meines Lebens, München 1976

Georg Alexander
Sein Kunstwerk ruht exakt auf den drei Säulen, die kürzlich die SDS-Gruppe «Kultur und Revolution» als die Stützen der bürgerlichen Ästhetik denunziert hat: Originalität, Spontaneität und Virtuosität.

Falstaff, in: Film (Velber) Nr. 2, 1969

Eugen Drewermann
Orson Welles repräsentiert als Schauspieler und Regisseur stets die Übermacht männlicher Größe und väterlicher Autorität in ihrer ganzen Ambivalenz von Schuldgefühlen, Abhängigkeiten, Richtersprüchen. Dem entsprechend konnte er über lange Zeit hin auch als Repräsentant und kritische Instanz des amerikanischen Selbstverständnisses erscheinen.

Brief an den Autor, 21. April 1994

Jean-Luc Godard
Verdammt sollten wir sein, wenn wir nur eine Sekunde vergessen, daß er mit Griffith der einzige ist, der eine im Stumm-, der andere im Tonfilm, der diese wunderbare kleine elektrische Eisenbahn hat abfahren lassen, an die Lumière nicht hat glauben wollen.

> Lexikon der amerikanischen Regisseure (1963).
> In: Godard/Kritiker, München 1971

Zeichnung von
Tullio Pericoli, 1987

Filmographie

In der Filmographie wird zuerst der Originaltitel genannt, in Klammern folgt –
gegebenenfalls – der deutsche Kino- und/oder Fernsehtitel. Am Ende der Angaben zu 1.1 erscheinen Datum und Land der Uraufführung, Spieldauer des
Originals und in Klammern das Datum der Erstaufführung in der BRD sowie
die Dauer der deutschen Synchronfassung.
Abkürzungen: P = Produktion,   R = Regie,   B = Drehbuch,   K = Kamera,
S = Schnitt, M = Musik, A = Ausstattung/Bauten, D = Darsteller, OW = Orson
Welles, MP = Mercury Productions, s/w = schwarzweiß, F = Farbe, Fr = Frankreich, It = Italien, Gb = Großbritannien, Ju = Jugoslawien, Ro = Rolle

1. Welles als Filmregisseur/Drehbuchautor/Darsteller in eigenen Filmen

1.1 vollendete und öffentlich aufgeführte Filme

1940/41 **Citizen Kane** (Bürger Kane/Citizen Kane), USA, P: MP für RKO. B:
Herman J. Mankiewicz, OW. K: Gregg Toland (s/w). S: Robert Wise.
M: Bernard Herrmann. A: Van Nest Polglase. D: OW (Charles
Foster Kane), Joseph Cotten, Everett Sloane, Dorothy Comingore,
Ruth Warrick, Agnes Moorehead u.a.
1.5.1941, USA/119 Min. (29.6.1962/117 Min.)

1941/42 **The Magnificent Ambersons** (Der Glanz des Hauses Amberson),
USA. P: MP für RKO. B: OW nach Booth Tarkingtons Roman. K:
Stanley Cortez (s/w). S: Robert Wise u.a. M: Bernard Herrmann. A:
Mark-Lee Kirk. D: Tim Holt, Joseph Cotten, Anne Baxter, Agnes
Moorehead, OW (Erzähler) u.a.
13.8.1942, USA/88 Min.; ursprüngl. 131 Min. (22.7.1966/88 Min.)

1942/43 **Journey into Fear** (Von Agenten gejagt), USA. P: MP für RKO. R:
OW (ungenannt) u. Norman Foster. B: OW u. Joseph Cotten nach
Eric Amblers Roman. K: Karl Struss (s/w). S: Mark Robson. A: Al-
bert D'Agostino u.a. M: Roy Webb. D: OW (Colonel Haki), Joseph
Cotten, Dolores Del Rio u.a.
12.2.1943, USA/69 Min.; ursprüngl. 91 Min. (25.3.1972/68 Min.)

1945 **The Stranger** (Die Spur des Fremden), USA. P: International Pictures. B: Anthony Veiller, John Huston und – ungenannt – OW nach

einer Story von Victor Trivas. K: Russel Metty (s/w). S: Ernest Nims. M: Bronislaw Kaper. A: Perry Ferguson. D: OW (Franz Kindler/Charles Rankin), Loretta Young, Edward G. Robinson u. a.
2.7.1946, USA/95 Min.; ursprüngl. 115 Min. (3.2.1977/95 Min.; später 92 Min.)

1946   **The Lady from Shanghai** (Die Lady von Shanghai), USA. P: Columbia. B: OW nach Sherwood Kings Roman «If I Die Before I Wake». K: Charles Lawton jr. (s/w). S: Viola Lawrence. M: Heinz Roemheld u. a. A: Stephen Goosson u. a. D: OW (Michael O'Hara), Rita Hayworth, Everett Sloane u. a.
7. 3. 1948, Gb / 86 Min.; 1. Fassung 155 Min. (24. 2. 1950 / 78 Min.; 10.4.94/83 Min.)

1947   **Macbeth** (Macbeth), USA. P: MP für Republic Pictures. B: OW nach Shakespeares Drama. K: John C. Russell (s/w). S: Louis Lindsay. M: Jacques Ibert. A: Fred Ritter. D: OW (Macbeth), Jeanette Nolan, Edgar Barrier, Christopher Welles u. a.
1.10.1948, USA/107 Min.; später 86 Min. (28.6.1950/92 Min.)

1949–52   **Othello** (Othello), It/Marokko. P: MP. B: OW nach Shakespeares Drama. K: Anchise Brizzi u. a. (s/w). S: Jean Sacha. M: Fernando Lavagnino u. a. A: Alexander Trauner. D: OW (Othello/Erzähler), Micheál MacLiammóir, Suzanne Cloutier, Hilton Edwards, Joan Fontaine, Joseph Cotten u. a.
10.5.1952, Fr/91 Min. (25.11.1955/91 Min.)
rekonstruierte Fassung: 1.12.1991, USA/91 Min. (3.6.1993/91 Min.)

1954/55   **Mr. Arkadin/Confidential Report** (Herr Satan persönlich), Spanien/Fr. P: MP/Cervantes Film u. a. B: OW nach seinem Roman. K: Jean Bourgoin (s/w). S: Renzo Lucidi. M: Paul Misraki. A: OW. D: OW (Gregory Arkadin/Erzähler), Paola Mori, Robert Arden, Akim Tamiroff, Michael Redgrave u. a.
März 1955, Spanien: spanischsprachige Fassung; 11.8.1955, Gb/95 Min.: engl.-sprachige Fassung (7.5.1956/95 Min.)

1956   **The Fountain of Youth**, USA. P: ABC (TV). B: OW nach John Colliers Erzählung «Youth from Vienna». K: Sid Hickox. S: Bud Molin. M: OW. A: Claudio Guzman. D: Dan Tobin, Joi Lansing, Rick Jason, Billy House, OW (Erzähler) u. a.
16.9.1958, USA/30 Min.

1957/58   **Touch of Evil** (Im Zeichen des Bösen), USA. P: Universal. B: OW nach Whit Mastersons Roman «Badge of Evil». K: Russell Metty (s/w). S: Virgil W. Vogel u. a. M: Henry Mancini. A: Alexander Golitzen u. a. D: OW (Hank Quinlan), Charlton Heston, Janet Leigh, Zsa Zsa Gabor, Marlene Dietrich u. a.
28.5.1958, USA/93 Min.; seit 1975 in der Schnittfassung von 108 Min. (5.9.1958/92 Min.; 17.11.1993/108 Min.)

1958   **Portrait of Gina** (Viva Italia), USA. P: ABC (TV). B, S: OW. D: Gina Lollobrigida, Vittorio De Sica, Paola Mori, OW (er selbst) u. a.
April 1986, Fr/27 Min. (5.12.1993/27 Min.)
Dieser nicht gesendete Pilotfilm zur geplanten Fernsehserie «Orson Welles at Large» galt bis zu seiner Wiederentdeckung 1986 in Paris als verschollen.

1962   **Le Procès** (Der Prozeß), Fr/It. P: Paris Europa/FI-C-IT/Hisa.

B: OW nach Franz Kafkas Roman. K: Edmond Richard (s/w).
S: Ivon Martin. M: Jean Ledrut. A: Jean Mandaroux. D: Anthony
Perkins, Jeanne Moreau, Romy Schneider, Paola Mori, OW (Anwalt
Hastler/Erzähler) u. a.
21. 12. 1962, Fr/120 Min. (2. 4. 1963/118 Min.)

1965/66 **Falstaff/Campanadas A Medianoches** (Falstaff), Spanien/Schweiz.
P: Internacional Films Española/Alpine. B: OW nach Motiven aus
Dramen Shakespeares. K: Edmond Richard (s/w). S: Fritz Mueller.
M: Angelo F. Lavagnino. A: José A. de la Guerra u. a. D: OW
(Falstaff), Ralph Richardson, John Gielgud, Keith Baxter, Jeanne
Moreau, Margaret Rutherford, Beatrice Welles u. a.
8. 5. 1966/119 Min. (27. 12. 1968/116 Min.)

1966/67 **Une Histoire Immortelle** (Stunde der Wahrheit), Fr. P: ORTV/Al-
bina. B: OW nach einer Erzählung Karen Blixens. K: Willy Kurant
(F). S: Yolande Maurette u. a. M: Eric Satie. A: Andre Pilant. D:
OW (Clay/Erzähler), Jeanne Moreau, Roger Coggio, Norman
Eshley, Fernando Rey.
30. 9. 1968, Fr/58 Min. (9. 8. 1968/58 Min.)

1973 **F for Fake/Vérités et Mensonges** (F wie Fälschung), Fr/Iran/BRD.
P: Astrophore/Saci/Janus-Film. B: OW, Oja Kodar. K: Gary Graver,
Christian Odasso (16 mm/F). S: OW, Marie S. Dubus. M: Michel Le-
grand. D: OW (er selbst), Oja Kodar, Elmyr de Hory, Clifford Irving,
Joseph Cotten, Howard Hughes u. a.
September 1974, Spanien und USA/85 Min. (30. 1. 1976/85 Min.)

1975 **F for Fake-Trailer.** Angaben s. u. **F for Fake**
6. 9. 1995, It/10 Min. (8. 10. 1995/10 Min.)
Der Trailer war eine Auftragsarbeit des amerik. Verleihs; dieser
verzichtete jedoch auf den Einsatz der als zu verwirrend empfundenen Filmwerbung. (Enthalten in: «Orson Welles: The One-Man
Band»).

1977/78 **Filming «Othello»** (Erinnerung an Othello), BRD/USA. P: Janus
Film. B: OW. K: Gary Graver (16 mm/F). S: Marty Roth. M: Francesco Lavagnino, Alberto Barberis. D: OW (er selbst), Hilton Edwards, Micheál MacLiammóir.
10. 7. 1978, BRD/85 Min.

1.2 unvollendete Filme und einmalig bzw. nicht öffentlich aufgeführte Filme

1934 **The Hearts of Age**, USA. P: William Vance. R: OW, William Vance.
K: William Vance (16 mm/stumm/s/w). D: OW (Tod), Virginia
Nicolson, William Vance. 5 Min.

1938 **Too Much Johnson**, USA. P: MP. B: OW nach dem Schauspiel von
William Gilette. K: Paul Dunbar (16 mm/s/w). S: OW u. a. D: Joseph
Cotten, Virginia Nicolson, Marc Blitzstein u. a.
Der Film wurde für die geplante Inszenierung von Gilettes Schau-
spiel gedreht, aber nicht öffentlich gezeigt. Die einzige Kopie von ca.
40 Min. Dauer wurde 1970 bei einem Brand vernichtet.

1939 **The Green Goddess**, USA.
Kurzfilm als Prolog für das gleichnamige Vaudeville von OW nach
einer Vorlage William Archers.

Heart of Darkness, USA. P: MP für RKO. B: OW u. John Houseman nach der Novelle Joseph Conrads. D: OW (Marlow/Kurtz), Everett Sloane, Dita Parlo u. a.

Gedreht wurden einige Probeaufnahmen.

1941/42 **It's All True**, USA. P: MP für RKO u. The Office of Inter-American Affairs.

Episode «The Samba Story»/«Carnaval»: B: OW, Robert Meltzer. K: Harry J. Wild (F), Harry Wellman u. a. (s/w). M: Paul Misraki. S: Joe Noriega. D: Grande Othelo, Linda Batista, Einwohner Rios.

Episode «Four Men on a Raft»: B: OW. K: George Fanto, W. Howard Greene u. a. (s/w). S: Joe Noriega. D: Manuel «Jacaré» Olimpio Meira u. a. Einwohner Rios u. Fortalezas.

Episode «My Friend Bonito»: R: Norman Foster. B: OW, Norman Foster, John Fante nach einer Vorlage Robert Flahertys. K: Al Gilks, Floyd Crosby u. a. S: Joe Noriega. D: Domingo Soler, Jesùs Vasquez u. a.

Die Dokumentation über OW' Projekt – incl. der Rekonstruktion von «Four Men on a Raft» – trägt den gleichen Titel:

«It's All True», USA/Fr. 1942–93. P: Films Balenciaga. R und B: Richard Wilson, Myron Meisel, Bill Krohn – OW. K: George Fanto, Gary Graver. S: Ed Marx. M: Jorge Arriagada.

15.10.1993, USA/88 Min. (11.2.1994/88 Min.)

1950 **Le Miracle de Sainte Anne**, Fr. D: Marcel Archad, Frédéric O'Brady, Maurice Bessy, Georges Baum u. a.

Kurzfilm als Einführung in OW' Pariser Inszenierung seines Schauspiels «The Unthinking Lobster».

1955 **Moby Dick – Rehearsed**. B: OW nach Herman Melvilles Roman. K: Hilton Craig (16 mm). D: OW (Ahab/Father Mapple u. a.), Gordon Jackson, Joan Plowright u. a.

Als Beitrag zu einer Fernsehserie sollte die Londoner Bühneninszenierung auf Film festgehalten werden; nach Aufnahmen von ca. 75 Min. Länge ließ OW dieses Projekt fallen.

1955–85 **Don Quixote**, Mexiko/It./Fr. P: Oscar Dancinger. B: OW nach Miguel de Cervantes' Roman. K: Jack Draper, Gary Graver, OW (s/w u. F). S: Renzo Lucidi, OW. D: Mischa Auer/Francisco Reiguera, Akim Tamiroff, Patty McCormack, OW (er selbst/Erzähler).

1956 **Camille, the Naked Lady and the Musketeers**, USA. P, B, S, A, M, D (Erzähler): OW. 27 Min.

Nicht gesendeter Pilotfilm zur geplanten Fernsehserie «Orson Welles and People».

1967 **Vienna**. D: OW (er selbst).

Churchill. D: OW (Winston Churchill), Oja Kodar.

1967–69 **The Deep**, Ju. P: OW. B: OW nach Charles Williams' Roman «Dead Calm». K: OW, Willy Kurant u. a. (F). D: OW (Russ Brewer), Laurence Harvey, Jeanne Moreau, Oja Kodar, Michael Bryant.

Das Münchner Filmmuseum plant eine Präsentation der Arbeitskopie.

1968–70 **Orson's Bag**, USA. P: OW für CBS-TV. B: OW. K: Giorgio Tonti u. a. Fritz Müller u. a. M: Francesco Lavignino. D: OW (Shylock

	u. a.) Mickey Rooney, Senta Berger, Peter Bogdanovich u. a. 79 Min.

1969 **The Merchant of Venice**, Ju / It. B: OW nach Shakespeares Drama. K: Giorgio Tonti u. a. (F). D: OW (Shylock), Charles Gray, Irina Maleva u. a.

1969 **Swinging London**. D: OW (One-Man Band, Bobby, Blumenverkäuferin u. a.)

1969–71 **Stately Homes**. D: OW (Reporter, Lord).

1970 **Tailors**. D: Jonathan Lind, Charles Gray, OW (Kunde).

1970–76 **The Other Side of the Wind**, Iran / Fr. P: Saci / Astropore. B: OW, Oja Kodar. K: Gary Graver (F). S: OW, Gary Graver. D: John Huston, Peter Bogdanovich, Charles Higham, Joseph McBride, Paul Mazursky, Lilli Palmer u. a.

1971 **Moby Dick**. B: OW nach Herman Melvilles Roman. K: Gary Graver (16 mm / F). D: OW (Erzähler, Ahab u. a. in szenischer Lesung des Romans).
Geplant war ein einstündiger Film; aufgenommen wurden Szenen in der Länge von ca. 30 Min.

1976–85 **The Magic Show**. B: OW. K: Gary Graver. D: Ab Dickson, Oja Kodar u. a.

1978 **The Orson Welles Show**, USA. B: OW. D: OW, Burt Reynolds, Angie Dickinson, The Muppets u. a.
Nicht gesendeter Pilotfilm zur geplanten Fernsehshow.

1978–85 **The Dreamers**. P: Nordstar / Weljag. B: OW nach Karen Blixens Erzählungen «Die Träumer» und «Widerhall». K: Gary Graver. D: OW (Marcus Kleek), Oja Kodar u. a.
Die Dreharbeiten gelangten über die Aufnahme einiger Szenen in der Länge von ca. 20 Min. nicht hinaus.
Orson Welles Solo. B: OW. K: Gary Graver.
Zu dem geplanten Selbstporträt wurden nur einige Szenen aufgenommen, und zwar Gespräche mit Roger und Hortense Hill.

1981 **Filming «The Trial»**. B: OW. K: Gary Graver.
Aufgenommen wurde eine Diskussion OW' mit amerikanischen Filmstudenten nach einer Aufführung von «Le Procès».
Die am 6.9.1995 in Venedig erstmals gezeigte Dokumentation «Orson Welles: The One-Man Band» enthält Ausschnitte aus: **Filming «The Trial»**, **The Deep**, **The Dreamers**, **Churchill**, **The Magic Show**, **The Orson Welles Show**, **The Merchant of Venice**, **Moby Dick**, **Swinging London**, **Stately Homes**, **Tailors**, **Vienna**.

1.3 Projekte (von den zahlreichen Vorhaben Welles' werden nur solche angegeben, zu denen bereits Drehbücher abgefaßt worden waren)

1939 **The Smiler with a Knife**. B: OW nach Nicholas Blakes Roman.

1940–42 **Mexican Melodram**. B: OW nach Arthur Calder-Marshalls Roman «The Way to Santiago».

1941 **The Life of Christ**. B: OW nach dem Neuen Testament.
The Landru Story. B: OW nach Presseberichten über den Pariser Frauenmörder.

1943 **The Little Prince**. B: OW nach Antoine de Saint-Exupérys Märchen.

1943–46	**War and Peace**. B: OW nach Leo Tolstojs Roman.
1944	**Don't Catch Me**. B: OW, Bud Pearson nach Richard Powells Roman.
1945/63	**Crime and Punishment**. B: OW nach Fjodor Dostojewskijs Roman.
1946	**Salome**. B. OW, Fletcher Markle nach Oscar Wildes Schauspiel.
1946/47	**Cyrano de Bergerac**. B: Ben Hecht, Charles Lederer nach Edmond Rostands Schauspiel.
	Carmen. B: Brainerd Duffield nach Prosper Mérimées Novelle.
1947	**Around the World in 80 Days**. B: OW nach Jules Vernes Roman.
	Henry IV. B: OW nach Luigi Pirandellos Schauspiel.
1949	**Odyssey**. B: Ernest Borneman nach Homers Epos.
1953/67	**Caesar**! B: OW nach William Shakespeares Schauspiel.
1953	**V. I. P.** B: OW nach seinem Skript «Buzzo Gospel» zur Hörfunkserie «The Adventures of Harry Lime».
	Operation Cinderella. B: OW nach eigener Idee.
	Paris by Night. B: OW nach eigenen Geschichten sowie Karen Blixens Erzählung «The Old Chevalier».
	Two by Two. B: OW nach Noahs Geschichte im Alten Testament.
1961	**Taras Bulba**. B: OW nach Nikolaj Gogols Novelle.
1963	**Treasure Island**. B: OW nach Robert Louis Stevensons Roman.
1964	**Lord Jim**. B: OW nach Joseph Conrads Roman.
1968	**Spirits of Dead**. B: OW nach Erzählungen von Edgar Allan Poe.
1969	**Because of the Cats**. B: OW, Oja Kodar nach einer Erzählung Nicholas Freelings.
1971	**Surinam**. B: OW, Oja Kodar nach Joseph Conrads Roman «Victory».
1972	**Crazy Weather**. B: OW, Oja Kodar nach einer Erzählung von Oja Kodar.
1977	**The Other Man**. B: OW, Oja Kodar nach Graham Greenes Roman «The Honorary Consul».
	Dead Giveaway. B: OW, Oja Kodar, Gary Graver nach Jim Thompsons Roman «A Hell of a Woman».
	The Assassin. B: OW, Oja Kodar nach Donald Freeds Biographie über Sirhan.
1981/82	**The Big Brass Ring**. P: Arnon Milchan/Weljag. B: OW, Oja Kodar. D: OW (Elder Statesman), Jack Nicholson u. a.
1983/84	**King Lear**. B: OW nach William Shakespeares Schauspiel. K: Gary Graver. D: OW (Lear), Oja Kodar, Ab Dickson u. a.
1984	**The Cradle Will Rock**. P: Circle Theatre. B: OW, nach Ring Lardners jr. Filmskript «Rocking the Cradle». D: Rupert Everett (OW), Amy Irving u. a.

2. Welles als Darsteller in den Filmen anderer Regisseure

(in der Auswahl unberücksichtigt bleiben Welles' zahlreiche Auftritte in Fernsehspielen, -dokumentationen, -shows und Werbespots sowie seine Mitwirkung in Spiel- und Dokumentarfilmen als Sprecher oder Erzähler)

1943	**Jane Eyre** (Die Waise von Lowood), USA. R: Robert Stevenson. Ro: Rochester.

1944	**Follow the Boys**, USA. R: Edward Sutherland. Ro: er selbst als Zauberer.
1945	**Tomorrow Is Forever** (Morgen ist die Ewigkeit), USA. R: Irving Pichel. Ro: John Mac Donald/Erich Kessler.
1947	**Black Magic** (Graf Cagliostro), USA. R: Gregory Ratoff. Ro: Cagliostro/Balsamo.
1948	**Prince of Foxes** (In den Klauen des Borgia), USA. R: Henry King. Ro: Cesare Borgia.
1949	**The Third Man** (Der dritte Mann), Gb. R: Carol Reed. Ro: Harry Lime.
1950	**The Black Rose** (Die schwarze Rose), USA. R: Henry Hathaway. Ro: General Bayan.
1951	**Return to Glennascaul**, Gb. R. Hilton Edwards. Ro: er selbst.
1953	**Trent's Last Case**, Gb. R: Herbert Wilcox. Ro: Sigsbee Manderson. **Si Versailles m'était conté** (Versailles – Könige und Frauen), Fr. R: Sacha Guitry. Ro: Benjamin Franklin. **L'uoma, la bestia e la virtù**, It. R: Stefano Vanzina. Ro: «Das Tier».
1954	**Napoléon** (Napoleon), Fr. R: Sacha Guitry. Ro: Hudson Lowe. **Three Cases of Murder** (Mord ohne Mörder), Gb. R: George More O'Ferrall (Episode mit OW). Ro: Lord Mountdrago.
1955	**Trouble in the Glen**, Gb. R: Herbert Wilcox. Ro: Sanin Cejagor y Mengues.
1956	**Moby Dick** (Moby Dick), USA. R: John Huston. Ro: Father Mapple.
1957	**Pay the Devil** (Des Teufels Lohn), USA. R: Jack Arnold. Ro: Virgil Renchler. **The Long Hot Summer** (Der lange heiße Sommer), USA. R: Martin Ritt. Ro: Will Varner.
1958	**The Roots of Heaven** (Die Wurzeln des Himmels), USA. R: John Huston. Ro: Cy Sedgwick.
1959	**Compulsion** (Der Zwang zum Bösen), USA. R: Richard Fleischer. Ro: Anwalt Wilk. **David e Golia** (David und Goliath), It. R: Richard Pottier u. a. Ro: Saul. **Ferry to Hong Kong** (Fähre nach Hongkong), Gb. R: Lewis Gilbert. Ro: Kapitän Hart.
1960	**Austerlitz** (Austerlitz – Glanz der Kaiserkrone), Fr. R: Abel Gance. Ro: Fulton. **Crack in the Mirror** (Drama im Spiegel), USA. R: Richard Fleischer. Ro: Hagolin und Lamorcière. **I Tartari** (Die Tartaren), It. R: Richard Thorpe. Ro: Burundai.
1961	**Lafayette** (Der junge General), Fr. R: Jean Dréville. Ro: Benjamin Franklin.
1962	**RoGoPaG**, It. R: Pier Paolo Pasolini (Episode mit OW). Ro: Regisseur.
1963	**The V.I.P.s** (Hotel International), Gb. R: Anthony Asquith. Ro: Max Buda.
1964	**La fabuleuse aventure de Marco Polo** (Im Reich des Kublai Khan), Fr. R: Denys de la Patellière u. a. Ro: Ackermann
1965	**Paris brûle-t-il?** (Brennt Paris?), Fr. R: René Clément. Ro: Konsul Nordling.

1966	**The Sailor from Gibraltar** (Nur eine Frau an Bord), Gb. R: Tony Richardson. Ro: Louis aus Mozambique.

The Sailor from Gibraltar (Nur eine Frau an Bord), Gb. R: Tony Richardson. Ro: Louis aus Mozambique.
A Men for All Seasons (Ein Mann zu jeder Jahreszeit), Gb. R: Fred Zinnemann. Ro: Kardinal Wolsey.

1967 **Casino Royale** (Casino Royale), USA/Gb. R: Joseph McGrath (Epidose mit OW). Ro: Le Chiffre.
I'll Never Forget What's 'is Name (Was kommt danach?), Gb. R: Michael Winner. Ro: Jonathan Lute.
Oedipus the King (König Ödipus), Gb. R: Philip Saville. Ro: Tiresias.

1968 **House of Cards** (Jedes Kartenhaus zerbricht), USA. R: John Guillermin. Ro: Charles Leschenhaut.
The Southern Star (Stern des Südens), Gb: R: Sidney Hayers. Ro: Planett.
Der Kampf um Rom, BRD/It. R: Robert Siodmak u. a. Ro: Justinian.

1969 **Bitka na Neretvi** (Die Schlacht an der Neretva), Ju u. a. R: Veljko Bulajic. Ro: Senator.
Tepepa (Tepepa), It. R: Giulio Petroni. Ro: General Cascorro.
Twelve Plus One (Zwölf plus eins), Gb/Fr/It. R: Nicolas Gessner. Ro: Markan.
Start the Revolution Without Me (Die Französische Revolution findet nicht statt), USA. R: Bud Yorkin. Ro: er selbst
The Kremlin Letter (Der Brief an den Kreml), USA. R: John Huston. Ro: Bresnavitch.
Sutjeska, Ju. R: Stipe Delic. Ro: Winston Churchill.

1970 **Catch 22** (Catch 22), USA. R: Mike Nichols. Ro: General Dreedle.
Waterloo (Waterloo), It/UdSSR. R: Sergeij Bondartschuk. Ro: Ludwig XVIII.
Upon This Rock, USA. R: Harry Rasky. Ro: Michelangelo.

1971 **A Safe Place** (Ein Zauberer an meiner Seite), USA. R: Henry Jaglom. Ro: Zauberer.

1972 **Treasure Island** (Die Schatzinsel), Gb. R: John Hough. Ro: Long John Silver.
Malpertius, Fr/Belgien. R: Harry Kümel. Ro: Cassavius.
La Décade Prodigieuse (Der 10. Tag), Fr/It. R: Claude Chabrol. Ro: Theo van Horn.
Get to Know Your Rabbit, USA. R: Brian de Palma. Ro: Zauberer.
Necromancy, USA. R: Bert I. Gordon. Ro: Mr. Cato.

1976 **Voyage of the Damned**, USA. R: Stuart Rosenberg. Ro: Raoul Estedes.

1979 **The Muppet Movie**, USA. R: James Frawley. Ro: Lew Lord.

1980 **Tajna Nicole Tesla**, Ju. R: Krsto Papic. Ro: J. P. Morgan.

1981 **Butterfly** (Butterfly–Der blonde Schmetterling), USA. R: Matt Cimber. Ro: Rauch.

1983 **Where Is Parsifal?**, USA. R: Henri Helman. Ro: Klingsor.

1985 **Someone To Love** (Ein Tag für die Liebe), USA. R: Henry Jaglom. Ro: Dannys Freund.

Bibliographie

1. Veröffentlichungen von Orson Welles

1.1 Theaterstücke, Hörspiele, Romane, Erzählungen

Everybody's Shakespeare. Woodstock 1934 (Textreihe mit Bühnenfassungen der Stücke «Twelfth Night», «The Merchant of Venice», «Julius Caesar», herausgegeben, eingeleitet – zusammen mit Roger Hill – und illustriert von Orson Welles)

The Mercury Shakespeare. New York 1939 (revidierte Fassung von «Everybody's Shakespeare»)

His Honor, the Mayor. New York 1941 (Hörspiel)

Invasion from Mars. New York 1949 (Anthologie von «interplanetary stories», ausgewählt und eingeleitet von Orson Welles; enthält auch Howard Kochs Hörspiel «The War of the Worlds»)

The Lives of Harry Lime. London 1952 (Fünfzehn Geschichten nach Szenarios zur Hörspielserie «The Adventures of Harry Lime», darunter drei von Orson Welles: «It's in the Bag», «The Golden Fleece», «A Ticket to Tangier»)

Miracle à Hollywood. A bon entendeur. Paris 1952 (Schauspiele «The Unthinking Lobster» und «Fair Warning», übersetzt von Serge Greffet)

Une Grosse Légume. Paris 1953 (Roman nach einem Skript zur Hörspielserie «The Adventures of Harry Lime», übersetzt und bearbeitet von Maurice Bessy)

Monsieur Arkadin. Paris 1954; Genf 1973. Engl: Mr. Arkadin. London 1956; New York 1956 und 1987. Dt.: Mr. Arkadin. Hamburg 1996 (Roman nach dem Filmtreatment zu «Mr. Arkadin», verfaßt vermutlich von Maurice Bessy unter dem Namen von Orson Welles)

Diplomatic Crisis, or Fifi and the Chilean Truffle. In: Ellery Queen's Mystery Magazine, August 1956

Moby Dick – Rehearsed. New York und London 1965 (Theaterstück nach Melvilles Roman)

Grieche trifft Griechen. Die Leben des Harry Lime (Hörspiel 1951). Im Anhang zu: Mr. Arkadin. Hamburg 1996

1.2 Drehbücher, Filmprotokolle

Citizen Kane. In: Pauline Kael (Hg.), The Citizen Kane Book. Boston, Toronto, London 1971 (Drehbuch – zusammen mit Herman J. Mankiewicz – und Filmprotokoll). Dt. in: Enno Patalas (Hg.), Spectaculum, Texte moderner Filme. Frankfurt a. M. 1961 (Filmprotokoll)

Le Procès. Paris 1963 (Filmprotokoll). Engl.: The Trial. London, New York 1970 (Filmprotokoll)

Heart of Darkness. In: Revue Internationale d'Histoire du Cinéma No. 23/24, Paris 1977 (Drehbuch – zusammen mit John Houseman)

The Stranger/Die Spur des Fremden. Engl/Dt.: Tübingen 1981 (Filmprotokolle)

Une Histoire Immortelle. Paris 1982 (Filmprotokoll)

Mr. Arkadin. Paris 1982 (kommentiertes Filmprotokoll)

Touch of Evil. New Brunswick 1984 (Filmprotokoll)

The Big Brass Ring. Santa Barbara 1987 (Drehbuch – zusammen mit Oja Kodar)

Santa. Engl./Span.: Mexico-City 1992 (Drehbuch)

Rocking the Cradle. Santa Barbara 1992 (Drehbuch)

The Magnificent Ambersons. In: Jonathan Rosenbaum (Hg.), This is Orson Welles. Orson Welles and Peter Bogdanovich. London 1993. Dasselbe in: Robert L. Carringer, The Mafnificent Ambersons. A Reconstruction. Berkeley u. a. 1993

1.3 Artikel, Aufsätze, Reden

Theatre and the People's Front. In: New York Daily Worker, 15. April 1938

Experiment. In: The American Magazine, November 1938

The Director in the Theatre Today. New York 1939

To Architects. In: Theatre Arts, Januar 1939

Orson Welles Writing About Orson Welles. In: Stage, Februar 1941

‹Citizen Kane› Is Not About Louella Parson's Boss. In: Friday, 14. Februar 1941

Moral Indebtedness. In: Free World, Oktober 1943

Unknown Soldier. In: Free World, Dezember 1943

The Good Neighbor Policy Reconsidered. In: Free World, März 1944

Democracy in Latin America. In: Free World, April 1944

The Habits of Disunity. In: Free World, Mai 1944

Race Hate Must Be Outlawed. In: Free World, Juli 1944

War Correspondents. In: Free World, August 1944

The American Leadership in '44. In: Free World, September 1944

Liberalism – Election's Victor. In: Free World, Dezember 1944

G. I. Bill of Rights. In: Free World, Januar 1945

Orson Welles' Almanac. In: New York Post, 22. 1.–11. 4. 1945 (tägliche Kolumne)

Orson Welles Today. In: New York Post, 23. 4.–6. 6. 1945 (tägliche Kolumne)

In Memoriam: Mankind Grieves for Our Late President. In: Free World, Mai 1945

World Citizenship and Economic Problems. In: Free World, Juli 1945

Now or Never. In: Free World, September 1945

Orson Welles Today. In: New York Post, 4. 9.–6. 11. 1945 (wöchentliche Kolumne)

Out of a Trance. In: New York Times, 17. April 1949

Thoughts on Germany. In: The Fortnightly, März 1951

Shakespeare et la tradition. In: Les Nouvelles Littéraires, 8. Mai 1952

La Jeunesse décidera. In: La Démocratie Combattante, Dezember 1952

Il n'y a pas d'art apprivoisé. In: La Démocratie Combattante, April–Mai 1953

The Third Audience. In: Sight and Sound, Januar–März 1954

Je combats comme un géant dans un monde de nains pour le cinéma universel. In: Arts, 25. August 1954. Engl. in: Film Culture, Januar 1955

Tackling ‹King Lear›. In: New York Times, 8. Januar 1956

The Scenario Crisis. In: International Film Annual, Nr. 1, 1957

Un Ruban de rêves. In: L'Express, 24. Juni 1958. Engl. in: International Film Annual, Nr. 2, 1958

Lavorare è difficile. In: Cinema nuovo Nr. 138, März 1958

The Artist and the Critic. In: The Observer, 12. Juli 1958

Twilight in the Smog. In: Esquire, März 1959

Il mio caro Falstaff. In: Cinema nuovo, Nr. 182, 1966

How to Frighten a Nation: «The war of the Worlds». In: Action, Mai–Juni 1969

But Where Are We Going? In: Look, 3. November 1970

Acceptance Speech (Life Achievement Award). In: Films in Review, Mai 1975

Jean Renoir: «The Greatest of All Directors». In: Los Angeles Times, 18. Februar 1979. Dt. in: Maurice Bessy, Orson Welles. München 1983

Vogue Par Orson Welles. In: Vogue, Dezember 1982 (OW gestaltete und illustrierte die französische Weihnachtssonderausgabe; enthält kleine Satiren, kurze Hommagen für Georges Méliès, Eduardo De Filippo, Pyke Koch, Oja Kodar, Karen Blixen sowie das erste Kapitel seiner geplanten Autobiographie)

2. Interviews

Bazin, André u. a.: Les secrets d'Orson Welles. In: L'Ecran Français Nr. 169 vom 21. 9. 1948

Koval, Francis: Interview with Welles. In: Sight and Sound, Dezember 1950

Silverman, Doré: Odd Orson. In: You, Juli–August 1951

Bazin, André u. a.: Entretien avec Welles. In: Cahiers du Cinéma Nr. 84, 1958

–: Nouvel Entretien avec Orson Welles. In: Cahiers du Cinéma Nr. 87, 1958. Dt. in: T. Kotulla (Hg.), Der Film Bd. 2, München 1964

Cau, Jean: Orson Welles. In: L'Express vom 26. 11. 1959

Grigs, Derik: Orson Welles. In: Sight and Sound, Frühjahr 1960

Clay, Jean: Un monstre sacré du cinéma vous parle: Orson Welles. In: Réalités Nr. 201, 1962

Cobos, Juan u. a.: Interview. In: Film Ideal Nr. 90 (Madrid) vom 15. 2. 1962. Engl. in: A. Sarris (Hg.), Interviews with Film Directors, New York 1967

Powell, Dilys: The Life and Opinions of Orson Welles. In: Sunday Times vom 3. 2. 1963

Cobos, Juan u. a.: Interview. In: Griffith (Madrid). Mai 1966. Engl.: Welles and Falstaff. In: Sight and Sound, Herbst 1966

Tynan, Kenneth: Playboy Interview: Orson Welles. In: Playboy, März 1967

Bucher, Felix u. a.: Welles and Chabrol. In: Sight and Sound, Herbst 1971

–: Orson Welles: Heute bin ich ein schneller Regisseur. In: Baseler Nachrichten vom 25./26. 3. 1972

Bogdanovich, Peter: This is Orson Welles (Serie von Interviews im Zeitraum

1969–1975). In: Jonathan Rosenbaum (Hg.); This is Orson Welles. Orson Welles and Peter Bogdanovich. London 1993. Dt.: Hier spricht Orson Welles. Weinheim und Berlin 1994

Krohn, Bill: Los Angeles–New York 1982. In: Alain Bergala u. a. (Hg.): Orson Welles. Paris 1986 (Cahiers du Cinéma, Sonderausgabe)

Bergala, Alain u. a.: Paris 1982. In: ebd.

Heinick, Angelika: Allem in der Welt ziehe ich ein leeres Theater vor. In: Filmfaust Nr. 28/29, 1982

3. Veröffentlichungen über Orson Welles und sein Werk (Auswahl)

Fowler, Roy Alexander: Orson Welles. A First Biography. London 1946

Bazin, André: Orson Welles. Paris 1950. Neubearbeitung: Paris 1958. Dt.: Orson Welles. Wetzlar 1980

MacLiammóir, Micheál: Put Money In Thy Purse. The Filming of Orson Welles' Othello. London 1952. Neubearbeitung: London 1976

Noble, Peter: The Fabulous Orson Welles. London 1956

Bogdanovich, Peter: The Cinema of Orson Welles. New York 1961

Allais, Jean-Claude: Orson Welles, Lyon 1961

Bessy, Maurice: Orson Welles. Paris 1963 u. 1970. Neubearbeitung: Paris 1982. Dt.: Orson Welles. München 1983

Estève, Michel: Orson Welles: l'éthique et l'estétique. Paris 1963

Cowie, Peter: The Cinema of Orson Welles. London und New York 1965

Skwara, Janusz: Orson Welles. Warschau 1967

Higham, Charles: The Films of Orson Welles. Berkeley 1970

Kael, Pauline, Herman Mankiewicz, Orson Welles: The Citizen Kane Book. Boston u. a. 1971

McBride, Joseph: Orson Welles. London 1972

Cowie, Peter: A Ribbon of Dreams: The Cinema of Orson Welles. South Brunswick 1973, New York 1983

Gottesman, Ronald (Hg.): Focus on Orson Welles. Englewood Cliffs 1976

McBride, Joseph: Orson Welles: Actor and Director. New York 1977. Dt.: Orson Welles. Seine Filme – sein Leben. München 1982

France, Richard: The Theatre of Orson Welles. Lewisburg 1977

Buchka, Peter u. a.: Orson Welles. München und Wien 1977

Valentinetti, Claudio: Orson Welles. Florenz 1981

Leaming, Barbara: Orson Welles. A Biography. New York 1983 und 1985

Higham, Charles: Orson Welles. The Rise and Fall of an American Genius. New York 1985

Parra, Danièle, Jacques Zimmer: Orson Welles. Filmo-13. Paris 1985

Baron, Anne-Marie: Orson Welles. Paris 1986

Bergala, Alain u. a. (Hg.): Orson Welles. Paris 1986 (Cahiers du Cinéma, Sonderausgabe)

Taylor, John Russell: Orson Welles. A Celebration. Boston 1986

Museum of Broadcasting (Hg.): Orson Welles on the Air: The Radio Years. New York 1988

Brady, Frank: Citizen Welles. A Biography of Orson Welles. New York 1989

Wood, Bret: Orson Welles: A Bio-Bibliography. Westport 1990

France, Richard (Hg.): Orson Welles on Shakespeare: The W. P. A. and Mercury Theatre Playscripts. Westport 1990

Howard, James: The Complete Films of Orson Welles. New York 1991

Rosenbaum, Jonathan (Hg.): This is Orson Welles. Orson Welles and Peter Bogdanovich. London 1993. Dt.: Hier spricht Orson Welles. Weinheim und Berlin 1994

Callow, Simon: Orson Welles: The Road to Xanadu. London 1995

Namenregister

Die kursiv gesetzten Zahlen bezeichnen die Abbildungen

Allen, Woody 111
Ambler, Eric 55, 59
Armstrong, Louis 55
Arnold, Jack 76
Astaire, Fred 68
Attenborough, Richard *11*
Auer, Mischa 106, *112*
Axel, Gabriel 128

Baxter, Anne *51*
Bazin, André 44, 53
Beatty, Warren 119, 126
Bernstein, Maurice 12, 15, *13*
Bessy, Maurice 105
Biberman, Herbert J. 80
Blitzstein, Marc 22
Blixen, Tania (Karen Christentze Blixen-Finecke) 123, 125 f., 128 f., *127*
Bogdanovich, Peter 7, 11, 114 f., 118, *114*
Borgia, Cesare 75, 86
Branagh, Kenneth 98
Braque, Georges 116
Brecht, Bertolt 21, 36, 46, 110
Brontë, Charlotte 26, 64
Brook, Peter 92
Brooks, Richard 26

Brown, John 18
Büchner, Georg 23, 28

Caesar, Julius 23, 111
Cagliostro, Alessandro (Giuseppe Balsamo) 86
Calder-Marshall, Arthur 35
Capra, Frank 20
Carringer, Robert 54, 92
Carter, Jack 22
Casals, Pablo 12
Cavett, Dick 122
Cervantes, Miguel de 111 f.
Chabrol, Claude 114
Chaplin, Charles 30, 36, 50
Charles, Prinz v. Wales *11*
Christophe, Henri 22
Cloutier, Suzanne 88, 101, *87*
Cohn, Harry 62, 69–72
Collins, Ray 26
Comingore, Dorothy *41*
Conrad, Joseph 26, 34
Cornell, Katharine 18 f.
Costello, Dolores *51*
Cotten, Joseph 26, 55, 60, 73, *47*, *51*, *60*, *75*
Craig, Gordon 22

Dante Alighieri 101
de Hory, Elmyr 116
Del Rio, Dolores 61, *49*, *60*
Dewey, Thomas 62
Dickens, Charles 26
Dietrich, Marlene 62, 78, 81, *79*
Di Girfalco, Paola Mori, s. Mori, Paola
Dinesen, Isac, siehe Blixen, Tania
Dolivet, Louis 108
Dumas Alexandre (fils) 122
Dumas, Alexandre (père) 122

Eastwood, Clint 119
Edwards, Hilton 16, 18, 22, 88
Eisenhower, Dwight D. 80 f.
Eisenstein, Sergej 44, 59
Elisabeth II., englische Königin 88
Ellington, Duke (Edward Kennedy «Duke») 101
Emerson, Ralph Waldo

Faruk I. 92
Fanto, George 90

Feuchtwanger, Lion 17
Flynn, Errol 72, 106
Fontaine, Joan *63*
Ford, Glenn 71
Ford, John 34, 44, 113
Foster, Norman 55
Franco, Francisco 112
Freud, Sigmund 92

Garland, Judy 71
Gates, Bill 111
Gibson, Walter B. 25
Gielgud, John 98
Goebbels, Joseph 21
Goetz, Bill 64
Göring, Hermann 67
Graver, Gary 120
Greene, Graham 75
Griffith, David Wark 7, 80
Guitry, Sacha 102

Harvey, Laurence 113
Hammett, Dashiell 26
Hartley, Hal 10 f.
Hayworth, Rita 61 f., 67–72, *68*, *70*
Hearst, William Randolph 36, 38, 48, 116
Hemingway, Ernest 115
Herrmann, Bernard 42
Heston, Charlton 76, *77*
Higham, Charles 115
Hill, Roger 18
Hitchcock, Alfred 61, 66, 113
Hitler, Adolf 13, 23, 28, 36
Holinshed, Raphael 96
Holland, Joseph *23*
Hoover, Edgar 86
Holt, Tim *51*
Hopper, Dennis 114
Houdini, Harry 12
House, Billy 66
Houseman, John 20, 23, 26, 36

Hughes, Howard 116
Hugo, Victor 26
Huston, John 64, 73, 104, 114, *114*

Ibert, Jacques 83
Ibsen, Henrik 17
Ingrim, Rex 115
Ionesco, Eugène 95
Irving, Amy 119
Irving, Clifford 116

Jacaré 58
Jacobsen, Sigrid *13*
Jaglom, Henry 114, 119, 126, *128*
Jonson, Ben 94

Kael, Pauline 115
Kafka, Franz 108–111
Kaper, Bronislaw 67
Karras, Anton 74
Kelly, Gene 122
King, Sherwood 69
Kitt, Eartha 101
Koch, Howard 26, 28
Kodar, Oja 117 f., *117*
Koerner, Charles W. 52 f.
Korda, Alexander 100 f.
Kracauer, Siegfried 44 f.
Kurosawa, Akira 85

Landru, Henri-Désiré 50
Lewis, Cecil Day 35
Lewis, Sinclair 26
Lollobrigida, Gina 122
Lucas, George 119

McBride, Joseph 114 f.
McCarthy, Joseph 63, 80
McCormick, Robert 36
McGrath, Joseph 104
MacLeish, Archibald 20

MacLiammóir, Micheál 16, 18, 88, 90, *89*
Mankiewicz, Herman J. 26, 36, 38, 115
Mankiewicz, Joseph 92
Mark Twain 26
Marlowe, Christopher 18, 101
Martin, Dean 122
Marx, Karl 66
Matisse, Henri 116
Mayer, Louis B. 38
Maxwell, Elsa *49*
Meira, Manoel Olimpio, siehe Jacaré
Melville, Herman 104, 120
Mérimée, Prosper 69
Milton, John 101
Modigliani, Amedeo 116
Monaco, James 53
Monroe, Marilyn 71
Moorehead, Agnes 26, 85, *51*
Moreau, Jeanne 98, 125, *97*
Mori, Paola 106, 118, 122, *107*
Murnau, Friedrich Wilhelm 44
Mussolini, Benito 23

Nichols, Mike 105
Nicholson, Jack 119
Nicolson, Virginia 18, 104, 119, *19*
Nixon, Richard 118
Nolan, Jeannette 85

O'Brien, Margaret 63
Olivier, Laurence 85, 87, 98, *95*

Padovani, Lea 88
Palinkas, Olga, siehe Kodar, Oja
Palmer, Lilli 114

Perkins, Anthony 110, *109*
Perón, Eva 12
Picasso, Pablo 117
Pinter, Harold 111
Pirandello, Luigi 100
Polanski, Roman 85, 113
Polonsky, Abraham 26
Porter, Cole 86

Ravel, Maurice 12
Redford, Robert 119
Redgrave, Michael 106
Reed, Carol 75
Reichenbach, François 116
Renoir, Auguste 101
Renoir, Jean 44, 101
Ritt, Martin 102
Robinson, Edward G. 64
Rockefeller, Nelson 38
Rohmer, Eric 106
Roosevelt, Franklin Delano 20, 23, 55, 62, 81
Rostand, Edmond 100

Salkind, Alexander 108
Salkind, Michael 108
Sartre, Jean-Paul 46

Schaefer, George 38, 52, *49*
Schneider, Romy *109*
Shakespeare, William 8, 10, 12 f., 18, 21, 23, 26, 48, 73, 82 f., 85–91, 94 ff., 98 f., 101, 109 f., 120, 122, 126
Shaw, George Bernard 26
Sloane, Everett 26, *60*
Spiegel, Sam 64, 67
Spielberg, Steven 119 f.
Stalin, Josef W. 59, 110
Stevenson, Robert 63
Stevenson, Robert Louis 114
Stewart, Paul 26
Strasberg, Susan 114
Strawinsky, Igor 12

Tamiroff, Akim 106, *112*
Tarkington, Booth 26, 50
Thorpe, Richard 103
Toland, Gregg 94, *37*
Tolstoi, Leo 100
Trivas, Victor 67
Truffaut, François 10, 32 f., 52, 78, 106
Truman, Harry S. 81
Tschechow, Anton 54

Vargas, Getúlio Dornelles 57
Verdi, Giuseppe 91
Verne, Jules 26, 86
Vidor, King 70

Welles, Beatrice (Mutter) 12, 14, *13*
Welles, Beatrice (Tochter) 98, 112, *107*
Welles, Christopher 18, 26, *19*, *70*
Welles, Rebecca 70
Welles, Richard (Bruder) 13, 15
Welles, Richard Head (Vater) 12, 14, 50, *13*
Wells, Herbert George 28, 34
West, Mae 30
Wilde, Oscar 100
Wilder, Thornton 18
Wilson, Richard 26, 58 f., 67
Wise, Robert 57
Williams, Charles 113
Woodward, Isaac 81
Wyler, William 44

Zanuck, Darryl 88
Zinnemann, Fred 103
Zugsmith, Albert 76

Über den Autor

Eckhard Weise, geboren 1949 in Rendsburg. Studierte in Berlin: Germanistik, Politologie und Psychologie an der Freien Universität und Filmgeschichte im «Arsenal». Filmkundliche Arbeiten u.a. über Theodor Fontane und Astrid Lindgren. In der Reihe rowohlts monographien Autor der Bände «Sergej M. Eisenstein» und «Ingmar Bergman». Arbeitet als Lehrer in Bad Hersfeld.

Quellennachweis der Abbildungen

dpa Hamburg, Bildarchiv: 2, 11, 102 oben, 107 unten, 123
Stiftung Deutsche Kinemathek, Berlin: 6, 51, 68/69, 77, 79, 87, 109, 117
The Kobal Collection, London: 9, 27, 37, 70, 95
Aus: Robert L. Carringer: The Magnificent Ambersons. A Reconstruction. Berkeley u.a. 1993: 13, 14, 54
Aus: Peter Noble: The Fabulous Orson Welles. London 1956: 16, 19
Billy Rose Theatre Collection, The New York Public Library for the Performing Arts, Astor, Lenox and Tilden Foundations: 17
Aus: Richard France: The Theatre of Orson Welles. Lewisburg 1977: 23
Aus: Maurice Bessy: Orson Welles. München 1985: 31, 60, 84, 89, 97, 112
Deutsches Institut für Filmkunde, Frankfurt a.M.: 35, 41, 75
Sammlung Eckhard Weise: 43, 65
Filmbild Fundus Robert Fischer, München: 46/47, 56, 58, 63, 102 unten, 103 (2), 104, 105, 107 oben, 124, 128
Aus: Robert L. Carringer: The Making of «Citizen Kane». Berkeley 1985: 49
Aus: Maurice Bessy: Orson Welles. Paris 1963: 93, 129
Aus: Jonathan Rosenbaum (Hg.): This is Orson Welles. London 1993: 114
Karen Blixen Museet, Rungsted Kyst: 127
© Tullio Pericoli 1996: 143